◎爱问法律百科系列丛书◎

丛书主编 · 严威

关注热点

简明易懂

法律思维

爱问
法律百科

婚姻家庭、继承必知200问

严威◎著

中国法制出版社
CHINA LEGAL PUBLISHING HOUSE

目录
CONTENTS

第一章 结婚

第二章 夫妻共同财产

第三章 同居关系

第四章 离婚

第六章 收养

第七章 反家庭暴力

第八章 遗产继承

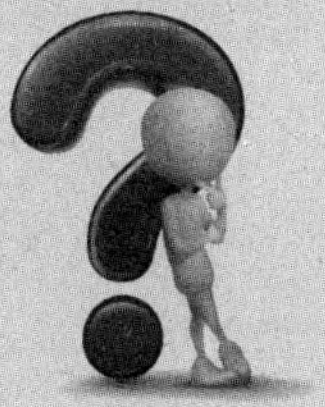

第一章

CHAPTER 1

结婚

1. 法定结婚年龄是多少周岁?

根据我国《民法典》第 1047 条的规定，结婚年龄，男不得早于 22 周岁，女不得早于 20 周岁。我国《民法典》关于婚龄的规定，不是必婚年龄，也不是最佳婚龄，而是结婚的最低年龄，是划分违法婚姻与合法婚姻的年龄界限，只有达到了法定婚龄才能结婚，否则就是违法。婚姻的自然属性和社会属性要求结婚只有达到一定的年龄，才能具备适合的生理条件和心理条件，也才能履行夫妻义务，承担家庭和社会的责任。所以，尽管我国法律赋予每个公民结婚的权利能力，但是必须达到法定婚龄才可登记结婚，申请领取结婚证。

在规定法定婚龄的同时，法律还允许某些部门或某些行业根据本部门、本行业的特点，规定一些已达到法定婚龄的人暂时不准结婚的特殊规定，如中国人民解放军和中国人民武装警察部队的义务兵在未服满现役期间、运动员在国家队期间，均不准结婚。民航空勤人员的最低结婚年龄规定为：男26周岁，女24周岁。这些部门或行业的从业者如果脱离了这些特殊的部门，则不再受该特别法的调整，申请结婚登记时符合结婚条件即可。

2. 父母是否可以申请宣告子女婚姻无效？

根据《最高人民法院关于适用〈中华人民共和国婚姻法〉若干问题的解释（一）》（以下简称《婚姻法司法解释（一）》）第7条的规定，有权依法[①]向人民法院就已办理结婚登记的婚姻申请宣告婚姻无效的主体，包括婚姻当事人及利害关系人。利害关系人包括：（1）以重婚为由申请宣告婚姻无效的，为当事人的近亲属及基层组织。（2）以未到法定婚龄为由申请宣告婚姻无效的，为未达法定婚龄者的近亲属。（3）以有禁止结婚的亲属关系为由申请宣告婚姻无效的，为当事人的近亲属。《民法典》第1045条中规定的近亲属，包括配偶、父母、子女、兄弟姐妹、祖父母、外祖父母、孙子女、外孙子女。

根据前述法律规定，除婚姻当事人可以申请婚姻无效外，

① 根据《婚姻法司法解释（一）》第7条的规定，有权依据《婚姻法》第10条规定向人民法院就已办理结婚登记的婚姻申请宣告婚姻无效的主体，包括婚姻当事人及利害关系人。此处的《婚姻法》第10条，对应《民法典》第1051条，新法内容有修改。

婚姻当事人的利害关系人也可以向法院申请婚姻无效。需要特别说明的是，如果是受胁迫结婚的可撤销婚姻的情形，只能由当事人自己申请，其他任何人都不能代替。主要原因在于受胁迫结婚的，婚后有可能产生夫妻感情，外人不得强行逼迫离婚。

因此，在符合法律规定的条件下，父母可以申请宣告子女婚姻无效。

3. 什么是重婚？重婚者应当承担什么法律责任？

重婚，简单来说是配偶与他人结婚或者以夫妻名义共同生活。重婚主要有两种情形：第一种是有配偶的人又与他人登记结婚，或者与他人以夫妻名义共同生活；第二种是明知他人是已有配偶的人，又与其登记结婚或者以夫妻名义共同生活。明知，是指事先知道，或者事后知道而继续保持婚姻关系。相反，若不知道他人有配偶则不构成重婚。

重婚因为违反了我国的一夫一妻制而为法律所禁止，因违反道德规范而为大众不认可。重婚影响的不仅是夫妻感情，对家庭、子女也会造成不利影响。

重婚在民事上和刑事上都需要承担责任。

民事责任方面：（1）重婚是婚姻无效的原因之一。《民法典》第 1051 条规定："有下列情形之一的，婚姻无效：（一）重婚；……”（2）重婚是认定夫妻感情确已破裂，法院准予离婚的情形之一。《民法典》第1079条规定：“……有下列情形之一，调解无效的，应当准予离婚：（一）重婚或与他人同居；……”（3）在离婚时，重婚是无过错方要求损害赔偿的理由之一，根据《民法典》第1091条的规定，因重婚或与他人同居而导致离婚的，无过错方有权请求损害赔偿。

刑事责任方面：根据《刑法》第258条的规定，犯重婚罪的，或者明知他人有配偶而与之结婚的，处2年以下有期徒刑或者拘役。

4. 什么是晚婚晚育？非晚婚晚育是否受到法律保护？

我国《民法典》第1047条规定，结婚年龄，男不得早于22周岁，女不得早于20周岁。晚婚晚育应予鼓励。在法定婚龄的基础上，适当推迟实际结婚年龄，属于晚婚。法定婚龄是《民法典》规定的最低的结婚年龄的界限，并不是必须结婚的年龄界限。我国现行计划生育政策规定，迟于法定婚龄（女20周岁，男22周岁）3年及以上结婚者（女23周岁，男25周岁），即为晚婚。现行规定是根据中国的婚姻习惯和实行计划生育，控制人口增长的要求确定的。晚婚是实行计划生育和控制人口增长的重要内容之一，也有利于提高人口素质。青年时期是长身体、长知识的时期，晚婚既可以使青年把更多的精力用于学习、工作和劳动，为德、智、体的全面发展奠定牢固基础，以适应社会主义现代化对人口素质的要求，又可以使青年懂得更多优生、优育的科学知识，有利于下一代人口素质的进一步提高。晚婚晚育仅是法律的鼓励性规定，并不是强制性规定，达到法定结婚年龄又无法律禁止结婚的其他条件的，结婚生育都是受到法律保护的。

5. "姑表亲""姨表亲"是否可以结婚？

情景再现[①]

小菡今年21周岁，她的好朋友小玉和她同岁，小刚23周岁，小杰24周岁，他们四人都生活在农村。四人从小关系不错，打初中毕业后就辍学在家务农，随着年龄的增长，小菡和小刚、小玉和小杰开始谈恋爱了。后来，四人的家长也认为他们到了谈婚论嫁的年纪，都赞成他们结婚。后他们约好一起去民政部门登记结婚，工作人员询问了相关情况后，拒绝了两对"新人"的结婚申请，不予办理结婚证。原来，小菡的妈妈是小刚的亲姑姑，而小玉的妈妈是小杰的亲二姨。

① 本书"情景再现"中的案情与人物皆结合现实情况而虚构设计。

法律分析

我国《民法典》第 1048 条规定，直系血亲或者三代以内的旁系血亲禁止结婚。案例中的“姑表亲”“姨表亲”均属于二代以内的旁系血亲，是法律明文禁止的不得结婚的情况。

血亲主要指出于同一祖先，有血缘关系的亲属，即自然血亲。血亲也包括法律拟制的血亲，即虽无血缘联系，但法律确认其与自然血亲有同等的权利义务的亲属，如养父母与养子女，继父母与受其抚养教育的继子女。禁止血亲结婚是优生的要求。人类两性关系的发展证明，血缘过近的亲属间通婚，容易把双方生理上的缺陷遗传给后代，影响家庭幸福，危害民族健康。而没有血缘亲属关系的氏族之间的婚姻，能创造出在体质上和智力上都更加强健的人种。因此，各国法律都禁止一定范围内的血亲结婚。

6. 异父异母的继兄妹是否可以登记结婚?

情景再现

小建和小君是邻居，两人都是单亲家庭，小建和爸爸生活在一起，小君和妈妈生活在一起。在他们上小学的时候，小建的爸爸和小君的妈妈通过单位同事的撮合，最终结为夫妻。后小建和小君大学毕业后回到了老家工作，待在父母身边，陪伴他们。两人日久生情，最终谈了恋爱，决定结婚。可是小君心里一直不敢确定，她和小建的婚姻是否合法，能不能领到结婚证。

法律分析

异父异母的继兄妹实际上并没有任何血缘关系，并不属于《民法典》第1048条规定的禁止结婚的情形。因此，只要他们达到法定结婚条件，又没有法律禁止结婚的其他问题，就可以申请登记结婚，领取结婚证。我国实行婚姻自由，但禁止三代以内的旁系血亲和直系血亲结婚。这样规定的目的是维护男女婚姻自由，保护他们的合法权益；同时，禁止直系血亲和三代以内旁系血亲结婚是为了提高我国人口的质量，避免给子孙后代带来不良的后果，有利于下一代的健康成长。这是符合我国广大人民群众的根本利益的。异父母兄妹关系，无任何血亲关系，结婚不会影响下一代子女的健康成长，不在《民法典》规定的禁止结婚情形之列。所以，本案中，小建和小君可以结婚，能够领到结婚证。

7. 什么情况下的婚姻是无效的？

婚姻无效是指当事人双方不具备法定结婚条件或没有履

行法定结婚程序而缔结的婚姻，不产生合法婚姻的法律效力。根据《民法典》第1051条规定，有下列情形之一的，婚姻无效:（1）重婚;（2）有禁止结婚的亲属关系;（3）未到法定婚龄。

《民法典》第1041条规定了结婚的条件：婚姻自由、一夫一妻、男女平等；第1046条规定了结婚必须男女双方完全自愿；第1047条规定了结婚年龄（男不得早于22周岁，女不得早于20周岁）；第1048条规定了直系血亲或者三代以内的旁系血亲不能结婚。因此，男女结婚违背这些条件之一的，所缔结婚姻依法应为无效。

婚姻无效的具体原因如前所述《民法典》第1051条的内容，同时《民法典》第1054条规定了法律后果——无效或被撤销的婚姻，自始无效。当事人之间不具有夫妻的权利和义务。《民法典》设立的婚姻无效不包括程序方面的原因，即不能仅仅因为当事人没有依法办理结婚登记就宣布其婚姻无效。

婚姻一旦被宣布无效，就具有溯及既往的效力，从他们结婚那一天起就是无效的；当事人之间不具有夫妻的权利和义务。

8.《民法典》生效后，患有重大疾病的公民还能结婚吗？

根据《婚姻法》第7条第2项规定，患有医学上认为不应当结婚的疾病的，禁止结婚。概括起来，不应当结婚或者应暂缓结婚的疾病主要包括：重症精神病，即精神分裂症和躁狂抑郁症；重症智力低下者，即痴呆症；处于发病期间的法定传染病，包括未经治愈的梅毒、淋病、艾滋病、甲型肝炎、开放性肺结核、麻风病等。婚前患有以上医学上认为不应当结婚的疾病，婚后尚未治愈的，婚姻无效。

然而，《民法典》已经将患有医学上认为不应当结婚的疾病而不能结婚的规定删除，不再将此情形列为法定不得结婚的理由，但是鉴于婚姻家庭和谐与稳定，患有前述疾病的男女双方在缔结婚姻关系时应当慎重考虑。另外，需要特别说明的是，《民法典》第1053条规定，一方患有重大疾病的，应当在结婚登记前如实告知另一方；不如实告知的，另一方可以向人民法院请求撤销婚姻。请求撤销婚姻的，应当自知道或者应当知道撤销事由之日起一年内提出。因此，如果患有重大疾病的一方在婚前不如实告知，另一方有权在知道或应当知道一年内向人民法院请求撤销婚姻。

9. 生理有缺陷不能发生性行为的人是否可以结婚？

我国《民法典》没有将有生理缺陷不能发生性行为的人列入禁止结婚的范围，也没有将其作为婚姻无效的原因。1950年的《婚姻法》曾规定，“有生理缺陷不能发生性行为者”禁止结婚。但1980年修改《婚姻法》时此规定被取消，其目的主要是让现实生活中的一些虽不能发生性行为却自愿结合的男女能够共同生活。夫妻间的性生活是夫妻生活中的重要内容，却不是唯一的内容，当事人双方自愿结合的，法律不应加以限制。但是，必须承认两性行为是婚姻关系中的自然属性，性生活是夫妻生活的重要组成部分，是夫妻亲密关系的基础，而不能发生性行为破坏了婚姻关系中的这一核心内容。

必须指出的是，在实际生活中，基于一些特殊的原因，当事人的婚姻依赖感情的存续而自愿结合，但应以婚前明知或婚后愿意维持这种婚姻关系为前提，一方婚前故意隐瞒其生理缺陷，婚后对方因此要求离婚的，或婚后因生理等原因不能发生性行为且难以治愈，对方要求离婚的，应当准予离婚，并按离婚程序处理。

10. 订婚是结婚的必经程序吗？

订婚，又称婚约，依照我国民间习俗，结婚前通常先有订婚之仪式：订立婚书、交换礼物或立媒妁人等。订婚不是结婚的必经程序，法律对订婚既不提倡，也不禁止。男女双方只要是自愿订婚，法律就不会进行干涉。订婚不具有法律约束力，只有双方完全自愿才能够结婚。法律对婚约不予保护，不强制履行。双方同意解除婚约的，可自行解除。一方要求解除婚约的，也无须征得对方的同意，单方就可以解除。

按我国的民间婚俗，订婚的男女往往会有一些财物往来，俗称彩礼。虽然婚约对当事人并无法律上的约束力，解除婚约也不需要诉诸法律程序，但解除婚约往往会产生向对方索还彩礼的情况，因而产生财产纠纷。由于争议的标的是与婚约有关的财产关系，而不是解除或维持婚约关系，所以人民法院对此类纠纷应予受理。为此，《最高人民法院关于修改〈民事案件案由规定〉的决定》把彩礼返还纠纷称为婚约财产纠纷，也就是男女双方因婚约的解除，如何处置彩礼而引发的纠纷。此外，《最高人民法院关于适用〈中华人民共和国婚姻法〉若干问题的解释（二）》（以下简称《婚姻法司法解释（二）》）第10条规定，"当事人请求返还按照习俗给付的彩礼的，如果查明属于以下情形，人民法院应当予以支持：（一）双方未办理结婚登记手续的；（二）双方办理结婚登记手续但确未共同生活的；（三）婚前给付并导致给付人生活困难的。适用前款第（二）、（三）项的规定，应当以双方离婚为条件"。

11. 领了结婚证但未举行婚礼，是否算正式结婚？

婚礼，是男女双方缔结婚姻关系的仪式，结婚通常要举行庆祝活动。举行婚礼除与民俗有关外，通常还具有宗教甚至法律的仪式意义，向世人公示男女双方缔结婚姻关系，并求得社会公众的认可和祝福。

结婚证，是婚姻登记管理机关签发的证明婚姻关系有效成立的法律文书。《民法典》第1049条规定："要求结婚的男女双方应当亲自到婚姻登记机关申请结婚登记。符合本法规定的，予以登记，发给结婚证。完成结婚登记，即确立婚姻关系。未办理结婚登记的，应当补办登记。"这一规定说明：（1）进行登记是结婚必经的法定程序。（2）进行登记是结婚唯一的法定程序。（3）实行结婚登记制度，是严格执行《民法典》规定，保护婚姻关系的需要。（4）实行结婚登记制度，可以提高当事人的法治观念，进行法治宣传教育和社会主义道德教育，减少纠纷，维护安定团结，保护当事人的合法权益。

因此，领了结婚证就算正式结婚，婚姻关系受法律保护。

12. 结婚证遗失或遭毁损可否申请补办？

《婚姻登记条例》第17条规定："结婚证、离婚证遗失或者损毁的，当事人可以持户口簿、身份证向原办理婚姻登记的机关或者一方当事人常住户口所在地的婚姻登记机关申请补领。婚姻登记机关对当事人的婚姻登记档案进行查证，确认属实的，应当为当事人补发结婚证、离婚证。”

补办《结婚证》不同于结婚登记，结婚登记需要双方共同到民政部门办理手续，目的是要查明、核实是否自愿等相关情况，而补办《结婚证》时婚姻关系已经存在，民政部门只要核对婚姻档案底册就可以查明情况，因此，只要一方持户口簿、身份证就可以补办。

13. 补办婚姻登记，婚姻关系从何时起算？

情景再现

李爱冰与周之礼于2017年在老家举行了结婚仪式，2018年儿子出生，双方购置了住房一套，产权登记在周之礼名下。2019年双方到户籍所在地民政部门办理了结婚登记。2020年，双方感情破裂，并最终导致离婚。离婚时，李爱冰要求分割登记在周之礼名下的房产，理由是虽然双方在2019年才办理了结婚登记，但二人在2017年举行结婚仪式时已经具备了结婚的实质要件，双方的婚姻关系应自2017年就具有法律效力，所以房子是双方的婚后财产，属于夫妻共同所有；而周之礼却认为，双方的婚姻关系应自2019年办理了婚姻登记才有效，房子是在2018年买的，应属于自己的婚前财产，李爱冰无权要求分割。

法律分析

根据《婚姻法司法解释（一）》第4条的规定可知，补办婚姻登记的，婚姻关系的效力应从双方均符合《婚姻法》所规定的结婚的实质要件时起算。《民法典》实施之后，则应符合《民法典》所规定的结婚的实质要件。根据该法的规定，结婚的实质要件包括：男女双方必须完全自愿；必须达到法定的结婚年龄；符合一夫一妻制；当事人一方或者双方之间不存在法律禁止结婚的情况。本案中，双方举行结婚仪式时，已经符合法定结婚的实质要件，只是欠缺法定的结婚形式。所以，虽然二人在2019年才补办了结婚登记，但其婚姻效力应自2017年起产生法律效力，二人在2018年购买的房产，虽然登记在周之礼名下，但应属于夫妻共同财产，离婚时应予分割。

补办婚姻登记的效力具有溯及力。补办结婚登记的，婚姻关系的效力从双方均符合婚姻法规定的实质要件时起算，这就表明法律对补办婚姻登记前的同居关系也予以认可。但是，对补办登记前婚姻效力的追溯及认可，是以男女双方均符合结婚的实质要件时起算，而不是溯及男女双方以夫妻名义同居生活时，因为男女同居可能会有一方或双方不符合法律规定的情况，不能将这时的同居关系按具有婚姻效力对待。

14. 登记结婚时未到法定婚龄，过了法定婚龄还能申请宣告婚姻无效吗?

情景再现

小军和小莉生活在农村，又是邻村，双方经媒人介绍，经过几个月接触后同居，在同居后2个月举行了结婚仪式，并用瞒报实际年龄的方法进行了婚姻登记。登记时，小军20周岁，小莉18周岁。婚后几个月，小莉怀孕了，小军为了家庭生活，远赴沿海打工。第二年，两人的孩子降生，小军工作越发带劲。在大城市，小军努力拼搏，踏实能干，收入越来越多，家庭地位也越来越高。慢慢地，双方通信的时间少了，两人的感情发生了微妙的变化。两人本来结婚就草率，双方互相了解不够，没有建立深厚的感情。小军觉得自己在异地他乡孤独寂寞，遂谈起了恋爱，与一同打工的另一个姑娘同居生子。小莉得知这一消息，非常震惊。自己在家带孩子照顾父母，却被丈夫无情地抛弃，她感到自己的合法权益受到了损害，就把丈夫告上法庭，要求法院宣告他们的婚姻无效。此时小军24周岁，小莉22周岁，均达到了法定婚龄。

法律分析

根据《民法典》第1051条第3项的规定，登记结婚时没有达到我国的法定婚龄，婚姻应属无效。但是，如果当事人依据《民法典》第1051条规定向人民法院申请宣告婚姻无效，申请时法定的无效婚姻情形已经消失的，人民法院不予支持。因此，申请婚姻无效时双方已经达到法定结婚年龄的，属于法定无效婚姻情形已经消失，法院不予支持。本案中，小军和小莉的情况即是如此。

但是，结婚的双方当事人如感情确已破裂，可以收集夫妻感情确已破裂的证据，向法院起诉离婚，请求判决解除双方婚姻关系。

15. 父母“包办”以及其他被胁迫情况下结婚的，婚姻有效吗？

情景再现

小建和小花从小青梅竹马，双方到了谈婚论嫁的年纪后，小建托人向小花家提亲。可是小花的父母因小建家庭条件较差，所谓“门不当户不对”，坚决不同意两人的婚事。后小花的父母甚至对小花禁足，小花每日以泪洗面，怎么央求父母都得不到应允，甚至有过轻生的念头和举动。

为了断绝小花嫁给小建的念想，小花父母找到了他们认为门当户对的小军家，在小军和小花父母的包办下，小花被迫嫁给了小军。可是小军从小娇生惯养，脾气暴躁蛮横，又感觉到小花不是真心喜欢他，婚后不久便开始对小花百般折磨。

无奈之下，小花起诉到法院，以求逃离这段不幸的婚姻。

法律分析

包办婚姻，是指婚姻关系以外的第三人，包括婚姻当事人的父母，违反婚姻自由原则，违背婚姻当事人的自由和意愿，强迫其缔结婚姻的行为。现实生活中，包办婚姻的表现形式很多，大多是父母为子女直接选择对象，当事人双方或一方不同意时，即采取强制手段，强迫子女结婚；其他形式的有换亲、转亲、转房和童养媳等。

我国《民法典》第1042条规定，禁止包办、买卖婚姻和其他干涉婚姻自由的行为。同时，第1052条规定，因胁迫结婚的，受胁迫的一方可以向人民法院请求撤销该婚姻。受胁迫的一方撤销婚姻的请求，应当自胁迫行为终止之日起一年内提出。被非法限制人身自由的当事人请求撤销婚姻的，应当自恢复人身自由之日起一年内提出。根据《民法典》第1054条的规定，无效或被撤销的婚姻，自始无效。

本案中，小花是在父母的强迫之下被迫嫁给小军的，她可以向人民法院起诉，请求撤销两人的婚姻关系。需要注意的是，小花应当在胁迫行为终止之日起一年内向法院提出。

16. 结婚不成可以请求赔偿吗？

《民法典》第 1041 条规定：实行婚姻自由、一夫一妻、男女平等的婚姻制度。婚姻自由包括结婚自由和离婚自由。男女双方都有选择结婚或离婚的自由。

《婚姻法司法解释（二）》第 10 条规定："当事人请求返还按照习俗给付的彩礼的，如果查明属于以下情形，人民法院应当予以支持：（一）双方未办理结婚登记手续的；（二）双方办理结婚登记手续但确未共同生活的；（三）婚前给付并导致给付人生活困难的。适用前款第（二）、（三）项的规定，应当以双方离婚为条件。"由此可知，如果双方当事人以缔结婚姻关系为由交付过彩礼（金钱等），之后未能如愿办理结婚登记手续，当事人请求返还彩礼的，可以得到人民法院的支持。

结婚不成，符合条件的可以请求返还彩礼，这是由彩礼的性质决定的。除此之外，由于双方没有办理结婚登记，不存在法律层面的婚姻关系，双方仅属于同居关系，结婚不成时自行分开即可，不需要办理任何手续，同时主张赔偿也没有任何法律依据。

17. 违反婚约是否要承担法律责任？

婚约是指男女双方为结婚所作的事先约定。成立婚约的行为称“订婚”或“定婚”。婚约成立后，男女双方即为人们俗称的未婚夫妻。一般来说，双方在婚约期间，通过互相了解，认为彼此不适合自己，合意解除婚约的，一般不会要求损害赔偿。但是如果一方存在严重违反婚约（如缔结婚约之后又反悔未能登记结婚）和损害对方利益（如侵权行为造成的人身损害）的行为，另一方是可以要求对方负一定责任的。

解除婚约的责任包括财产返还和损害赔偿两种责任。我国《民法典》中没有关于婚约的规定，仅在一些司法解释中有相关的规定。解除婚约的财产返还责任，一般涉及彩礼的返还。当事人请求返还按照习俗给付的彩礼的，如果查明属于以下情形，人民法院应予以支持：（1）双方未办理结婚登记手续的；（2）双方办理结婚登记手续，但确未共同生活的；（3）婚前的行为导致给付人生活困难的。《最高人民法院关于贯彻执行民事政策法律若干问题的意见》第 18 条也规定：“借婚姻关系索取的财物，离婚时，如结婚时间不长，或者因索要财物造成对方生活困难的，可酌情返还。”

解除婚约的损害赔偿责任，通常基于解除婚约而引发的侵权责任，如女方要解除婚约，男方不同意，怒气之下对女方施暴造成人身损害的情形，此时就要根据《民法典》第 1165 条的规定承担责任。《民法典》第 1165 条规定，行为人因过错侵害他人民事权益造成损害的，应当承担侵权责任。《民法典》第

1179条规定，侵害他人造成人身损害的，应当赔偿医疗费、护理费、交通费、营养费、住院伙食补助费等为治疗和康复支出的合理费用，以及因误工减少的收入。造成残疾的，还应当赔偿辅助器具费和残疾赔偿金；造成死亡的，还应当赔偿丧葬费和死亡赔偿金。由此可见，因为解除婚约引发人身损害的，实施侵害行为的人应当根据《民法典》中侵权责任的规定，承担相应的损害赔偿责任。

18. 同性婚姻在我国是否具有法律效力？

同性婚姻（也称“同性恋婚姻”或“同性别婚姻”）是指生理性别或性别认同相同的两人之间的婚姻关系。世界上部分国家和地区已经通过立法承认了同性婚姻或者是民事结合，但是在我国，同性婚姻尚无立法明确予以保护。

我国《民法典》规定，结婚必须男女双方完全自愿，不许任何一方对他方加以强迫或任何第三者加以干涉。要求结婚的男女双方必须亲自到婚姻登记机关进行结婚登记。符合法律规定的，予以登记，发给结婚证。取得结婚证，即确立夫妻关系。未办理结婚登记的，应当补办登记。从立法可以看出，我国《民法典》认可的婚姻是男女双方之间，针对同性之间的婚姻，在我国尚无法律依据予以支持，所以得不到法律的保护。

19. 儿媳与公公、继母与儿子等直系姻亲之间可以结婚吗?

我国《民法典》明确规定，禁止直系血亲或者三代以内旁系血亲结婚，直系血亲和三代以内旁系血亲之间结婚的也视为无效婚姻。儿媳与公公、继母与儿子等直系姻亲之间并不存在血亲关系，不属于被婚姻法列为明文禁止结婚的情形。

关于没有婚姻关系存在的公公与儿媳、继母与儿子、叔母与侄、女儿与继父、女婿与岳母、养子与养母、养女与养父等可否结婚,《民法典》虽无禁止结婚的明文规定，但是，基于伦理的要求，也应予以限制为宜。按照我国的传统习惯，直系姻亲间，即丧偶的公公与儿媳、岳母与女婿，没有形成扶养关系的继父与继女、继母与继子之间，不宜结婚。

20. 外国人、华侨、港澳台同胞在内地结婚如何办理结婚登记?

中国公民同外国人、华侨结婚，内地居民同港澳台同胞结婚在法律上被归为“涉外婚姻”，这些情况下登记结婚的机关和手续与普通中国公民间的结婚登记有所不同。

根据2003年颁行的《婚姻登记条例》，上述情形办理婚姻登记的机关是省、自治区、直辖市人民政府民政部门或者省、自治区、直辖市民政部门确定的机关，目前国内很多涉外婚姻常见的城市、省份都设立了涉外婚姻登记处，如上海、北京、天津等地。值得注意的是，普通婚姻登记到县级民政部门办理即可，而涉外婚姻则需要在省级民政部门或者省级民政部门确定的机关办理登记，县级民政部门是无法办理涉外婚姻登记的。

另外，中国公民同外国人、华侨结婚，内地居民同港澳台同胞结婚在结婚时所需提交的证明材料也不同（主要根据民政部颁布的《婚姻登记工作规范》第四章规定）：

香港居民办理结婚登记应当提交：（1）港澳居民来往内地通行证或者港澳同胞回乡证；（2）香港居民身份证；（3）经香港委托公证人公证的本人无配偶以及与对方当事人没有直系血亲和三代以内旁系血亲关系的声明。

澳门居民办理结婚登记应当提交：（1）港澳居民来往内地通行证或者港澳同胞回乡证；（2）澳门居民身份证；（3）经澳门公证机构公证的本人无配偶以及与对方当事人没有直系血亲和三代以内旁系血亲关系的声明。

台湾居民办理结婚登记应当提交：（1）台湾居民来往大陆通行证或者其他有效旅行证件；（2）本人在台湾地区居住的有效身份证件；（3）台湾公证机构公证的本人无配偶以及与对方当事人没有直系血亲和三代以内旁系血亲关系的声明。

华侨办理结婚登记应当提交：（1）本人的有效护照；（2）居

住国公证机构或者有权机关出具的、经中华人民共和国驻该国使（领）馆认证的本人无配偶以及与对方当事人没有直系血亲和三代以内旁系血亲关系的证明，或者中华人民共和国驻该国使（领）馆出具的本人无配偶以及与对方当事人没有直系血亲和三代以内旁系血亲关系的证明。与中国无外交关系的国家出具的有关证明，应当经与该国及中国均有外交关系的第三国驻该国使（领）馆和中国驻第三国使（领）馆认证，或者经第三国驻华使（领）馆认证。

外国人办理结婚登记应当提交：（1）本人的有效护照或者其他有效的国际旅行证件；（2）所在国公证机构或者有权机关出具的、经中华人民共和国驻该国使（领）馆认证或者该国驻华使（领）馆认证的本人无配偶的证明，或者所在国驻华使（领）馆出具的本人无配偶证明。与中国无外交关系的国家出具的有关证明，应当经与该国及中国均有外交关系的第三国驻该国使（领）馆和中国驻第三国使（领）馆认证，或者经第三国驻华使（领）馆认证。

要求与中国公民结婚的外国友人出具经认证的未婚证明，是为了防止出现跨国重婚。涉外婚姻距离较远，了解起来比较困难，不排除有人已经在一国结婚，又在另一国骗婚的情况出现。就算是内地居民之间的婚姻，重婚也屡见不鲜。所以当事人在办理涉外婚姻登记时，要注意办理无配偶的证明，平时相处也要互相观察了解。害人之心不可有，但防人之心不可无。

21. 什么是婚前财产协议?

随着现代婚姻观念的变化和离婚率的上升，越来越多的人选择签订婚前财产协议来保护自己的财产。婚前财产协议有利于夫妻维护自己的财产，也便于在离婚时处理夫妻财产。《民法典》支持夫妻约定财产归属，如果没有约定财产的归属，那么根据法律规定，除法律上夫妻不能共有的财产外，原则上婚后夫妻财产都是共同所有。那么哪些是夫妻不能共有的财产呢?根据《民法典》第1063条的规定，一方的婚前财产，一方因受到人身损害获得的赔偿或者补偿，遗嘱或者赠与合同中确定只归夫或妻一方的财产，一方专用的生活用品等，应当认定为夫妻一方的个人财产。

如果对财产问题较为敏感且希望多一层保障，可以选择签订婚前财产协议，将纷争提前解决再进入婚姻。不过，婚前财产协议的内容要针对两人的现有财产和婚后财产而定，婚前财产约定不能太过偏颇，不能漫天要价。现实中不乏因约定婚前财产而散伙的情侣，在签订婚前财产协议时要注意感情和权益的平衡。

22. 如何办理婚前财产公证?

从法律角度来看，婚前财产公证能起到证据的作用，以减少发生纠纷的可能。两人结婚并不是所有财产都需要婚前财产公证，一般来说，比较容易举证的财产不需要婚前财产公证，比较难举证的财产才需要婚前财产公证。例如，房子、汽车等不动产，因为实行登记制度、产权明确，就不需要婚前财产公证。而产权随时处于变动的动产，如存款、玉器、金银首饰等贵重物品，为避免离婚时无法说明白，需要婚前财产公证。

举个例子，如果一方婚前有一套房产，结婚期间，房子拆迁，这笔补偿款就是个人财产。拿到这笔补偿款后，如有必要，就要及时办理婚前财产公证。因为钱是动产，如果不公证，发生纠纷就很难说清是谁的。说不清楚的钱，要算共同财产。

《民法典》第1065条规定："……夫妻对婚姻关系存续期间所得的财产以及婚前财产的约定，对双方具有法律约束力。……"

若双方有意愿做婚前财产公证，可以准备好个人的身份证明，如身份证、户口簿；如果是婚前财产协议婚后需要做公证，夫妻还要拿结婚证和婚前财产公证所涉及的财产所有权证明，再加上两人已经草拟好的婚前财产协议书，带好这些材料去公证处办理公证就可以了。根据《办理夫妻财产约定协议公证的指导意见》第7条的规定，夫妻财产约定协议应当包括下列主要内容：（1）夫妻双方的姓名、性别、出生日期、住所地、身份证件号码、结婚日期等基本情况；（2）所涉及的财产。对具体财产进行约定的，应当列明财产的名称、数量等基本情况。

23. 哪些人不能与外国人结婚？

1983 年民政部曾经颁布过《中国公民同外国人办理婚姻登记的几项规定》，规定中指出以下几类中国公民不准同外国人结婚：现役军人、外交人员、公安人员、机要人员和其他掌握重大秘密的人员、正在接受劳动教养和服刑的人，这一规定现在已经失效。2003 年《婚姻登记条例》颁布实行后，中国公民办理结婚登记不再需要向单位“打证明”，如果公民不主动向单位报告，单位也不能了解公民与谁结婚。因此，哪些人不能与外国人结婚，应当由有关部门通过制定内部管理制度，对本单位人员不得与外国人结婚或者特定岗位人员不得与外国人结婚进行职业纪律约束，将有外籍配偶的人员调离相关岗位，以实现对特殊人员涉外婚姻登记的管理。

根据《军队贯彻实施〈中华人民共和国婚姻法〉若干问题的规定》，现役军人一律不准与外国公民结婚，原则上也不得与我国香港、澳门特别行政区和台湾地区的居民结婚。某些特殊行业人员对职业有着特殊要求，如《驻外外交人员法》规定，驻外外交人员的配偶不能是外国人。对配偶身份有着特殊要求的职业，由专门的法律和内部管理制度约束。

我国现役军人和某些特殊职业者（如驻外外交人员）在入伍或选择这一职业前，应了解现行法律法规对其结婚对象的特殊规定，明确其职业特殊性对婚姻的影响。在服役或工作过程中，如确实发生了需要与外国公民结婚的情形，原则上只能选择以退伍或改变工作性质的方式来解决。此外，现役军人也可在退役并符合相关条件时，与外国人结婚。

24. 婚前健康检查还有没有必要？

我国曾经实行强制婚前健康检查，但 2003 年颁布的《婚姻登记条例》删去了有关婚前健康检查的规定，也就是说，目前我国对婚前健康检查实行完全自愿的原则，不强制男女双方必须进行婚前健康检查。但疾病对家庭生活、抚育后代影响巨大，有严重疾病影响婚姻家庭生活的且符合法定结婚条件的男女双方应当慎重考虑缔结婚姻关系。同时，《民法典》第 1053 条规定，一方患有重大疾病的，应当在结婚登记前如实告知另一方；不如实告知的，另一方可以向人民法院请求撤销婚姻。请求撤销婚姻的，应当自知道或者应当知道撤销事由之日起一年内提出。

婚前健康检查的好处是可以发现疾病，如果发现一方患有不宜结婚的疾病，如艾滋病、性病或精神病等，就应慎重考虑；如在婚前健康检查中发现某些虽不是禁止结婚的疾病但有可能影响生活、妊娠的，也可以早做预防，以避免今后发生家庭悲剧。另外要注意的是，婚前健康检查与体检是不同的，根据《母婴保健法》的相关规定，婚前健康检查除基本的体格检查外，主要侧重于对准新婚夫妇是否患有遗传病、传染病和精神病等进行专业性医学检查，千万不能认为参加了单位安排的每年一次的体检就没必要再进行婚前健康检查。

因此，取消强制婚前健康检查的规定并不等于无须婚前健康检查，如有条件，最好进行婚前健康检查。

25. 本人未亲自办理的结婚登记是否有效？

根据《民法典》第1051条的规定，婚姻无效的情形包括三种：（1）重婚；（2）有禁止结婚的亲属关系；（3）未到法定结婚年龄。

如果夫妻双方没有共同去婚姻登记机关登记，如只有一方拿另一方身份证、户口簿去办理登记；或双方都未去，只是委托一个熟人办理结婚登记；或双方都未去，只是找婚姻登记机关的朋友代办登记；或一方本人到场，另一方冒名顶替骗取登记；或者双方虽都去了，但登记的名字、年龄、民族、身份证号码有误；或结婚证没有照片、没有印章，但最后领取了由民政部门颁发的结婚证……这些情形在登记程序上都有瑕疵，但是均不属于《民法典》规定的无效婚姻的情形，不能向人民法院请求宣告婚姻无效。

需要注意的是，如果本人未亲自办理结婚登记（诸如前述的各种情况），民政部门颁发了结婚证，但办理结婚登记不是本人真实意愿或本人不知情，仍然属于登记程序的瑕疵，不属于《民法典》规定的无效婚姻情形，也不能向人民法院提起民事诉讼请求宣告婚姻无效。

《最高人民法院关于适用〈中华人民共和国婚姻法〉若干问题的解释（三）》（以下简称《婚姻法司法解释（三）》）第 1 条第 2 款规定："当事人以结婚登记程序存在瑕疵为由提起民事诉讼，主张撤销结婚登记的，告知其可以依法申请行政复议或者提起行政诉讼。"从这条可以看出，《民法典》第 1051 条明确列明的婚姻无效的情形之外的情况，属于结婚登记存在瑕疵，一般属于行政纠纷，当事人可通过行政诉讼或者行政复议的途径解决。

26. 结婚登记的程序是怎样的？需要哪些证件和材料？

我国《民法典》第 1049 条规定："要求结婚的男女双方应当亲自到婚姻登记机关申请结婚登记……"《婚姻登记条例》及《婚姻登记工作规范》明确规定了办理结婚登记的程序。男女双方应当共同到一方当事人常住户口所在地的婚姻登记机关办理结婚登记。

进行结婚登记程序如下：

结婚双方应携带的证件、材料：本人的户口簿、身份证；本人无配偶以及与对方当事人没有直系血亲和三代以内旁系血亲的签字声明；证件照片（通常可在登记现场拍摄）。

⇩

婚姻登记机关对结婚登记**申请受理**，受理条件（《婚姻登记工作规范》第28条）：①登记机关具有管辖权；②双方共同提出申请；③男方年满22周岁，女方年满20周岁；④当事人均无配偶；⑤当事人双方之间没有直系血亲和三代以内旁系血亲关系；⑥双方自愿结婚；⑦提交照片；⑧本人持有居民身份证和户口簿。

⇩

婚姻登记机关对**申请进行审查：**①未达到法定结婚年龄的，非双方自愿的；②一方或者双方已有配偶的；③属于直系血亲或者三代以内旁系血亲的。

⇩

登记与发证：审查合格后，填写《结婚登记审查处理表》和结婚证。①填写应当按照规范，通常由计算机完成；②“登记员签名”必须由登记员亲笔签名，不能使用计算机打印或者个人印章；③贴上当事人照片并加盖钢印，结婚证的“照片栏”贴上双方合影照片；④加盖登记机关工作业务专用印章。

发证程序：①向双方当事人核实姓名、出生日期、结婚意愿；②告知当事人双方领取结婚证后的法律关系以及夫妻权利、义务；③见证当事人本人亲自在附件2上的“当事人领证签名或按指纹”一栏中签名，不得由他人代为填写、代按指纹；④将结婚证分别颁发给结婚登记当事人双方，向双方当事人宣布：取得结婚证，确立夫妻关系；⑤祝贺新人。

27. 婚外生子是否构成重婚？

重婚是指有配偶者又与他人登记结婚，或虽未登记，但事实上确以夫妻名义同居生活的违法行为。由此可见，尽管婚外生子，对另一方的伤害甚至超过上述情况，但是基于我国目前的立法状况，仅仅与婚外人生子不可作为重婚的证据，婚外生子不符合上述重婚构成要件的，不能以重婚论。

28. 什么是事实婚姻？

事实婚姻是一种婚姻关系存在的方式，广义指男女双方在主观上具有永久生活的目的，在客观上具有未经结婚登记机关登记，未领取结婚证即以夫妻名义同居生活的事实。狭义指没有配偶的男女双方，未经结婚登记，即以夫妻名义同居生活。

根据《婚姻法司法解释（一）》第5条的规定，未依法[①]办理结婚登记而以夫妻名义共同生活的男女，起诉到人民法院要求离婚的，应当区别对待：（1）1994年2月1日民政部《婚姻登记管理条例》公布实施以前，男女双方已经符合结婚实质要件的，按事实婚姻处理；（2）1994年2月1日民政部《婚姻登

① 即依照《婚姻法》第8条的规定办理结婚登记，对应《民法典》第1049条，新法内容有修改。

记管理条例》公布实施以后，男女双方符合结婚实质要件的，人民法院应当告知其在案件受理前补办结婚登记；未补办结婚登记的，按解除同居关系处理。

自1994年2月1日以后，我国《婚姻法》及《民法典》不再承认事实婚姻，但这并不代表法律将彻底不承认事实婚姻。例如，根据《刑法》的规定，有配偶而与他人形成事实婚姻或明知他人有配偶而与其形成事实婚姻，即使没有到民政部门进行结婚登记，仍然可以认定为重婚。

29. 哪些机关有权宣告婚姻无效？

我国《民法典》并没有明确规定哪些机关有权宣告婚姻无效，但根据最高人民法院相关司法解释和《婚姻登记条例》的规定，有权宣告婚姻无效的只能是人民法院，婚姻登记机关并没有宣告婚姻无效的权力。人民法院受理申请宣告婚姻无效案件后，经审查确属无效婚姻的，应当依法作出宣告婚姻无效的判决。原告申请撤诉的，不予准许。如果法院经审查认为该婚姻有效，则允许原告撤诉。同时，法院审理宣告婚姻无效案件，对婚姻效力的审理不适用调解，应当依法作出判决。对婚姻效力的诉讼，实行一审终审。

也就是说，一审法院对婚姻效力作出判决后，不论是支持了原告的诉讼请求，认定婚姻无效，还是驳回了原告的诉讼请求，认定婚姻有效，当事人不服的，均不能对有关婚姻效力的判决提出上诉。对财产分割和子女抚养问题判决不服的，当事人可上诉。

30. 哪些人可以申请宣告婚姻无效？

根据《婚姻法司法解释（一）》第7条的规定，有权依法[①]向人民法院就已办理结婚登记的婚姻申请宣告婚姻无效的主体，包括婚姻当事人及利害关系人。利害关系人包括：（1）以重婚为由申请宣告婚姻无效的，为当事人的近亲属及基层组织。（2）以未到法定婚龄为由申请宣告婚姻无效的，为未达法定婚龄者的近亲属。（3）以有禁止结婚的亲属关系为由申请宣告婚姻无效的，为当事人的近亲属。《民法典》第1045条中规定的近亲属，包括配偶、父母、子女、兄弟姐妹、祖父母、外祖父母、孙子女、外孙子女。

---

① 根据《婚姻法司法解释（一）》第7条的规定，有权依据《婚姻法》第10条规定向人民法院就已办理结婚登记的婚姻申请宣告婚姻无效的主体，包括婚姻当事人及利害关系人。此处的《婚姻法》第10条，对应《民法典》第1051条，新法内容有修改。

31. 法定无效婚姻的无效情形消失后，是否仍是无效婚姻？

《民法典》第 1051 条规定，有下列情形之一的，婚姻无效：（1）重婚的；（2）有禁止结婚的亲属关系的；（3）未到法定婚龄的。《婚姻法司法解释（一）》第 8 条规定，当事人依法[①]向人民法院申请宣告婚姻无效的，申请时，法定的无效婚姻情形已经消失的，人民法院不予支持。根据前述法律规定可知，法定无效情形消失后该婚姻是继续有效的，当事人不能以前述情形为由，向人民法院申请宣告婚姻无效。

32. 什么是可撤销婚姻？如何撤销？

可撤销的婚姻是指当事人因意思表示不真实而成立的婚姻，或者当事人成立的婚姻在结婚的条件上有欠缺，法律赋予一定的当事人以撤销婚姻的请求权，该当事人可以通过行使撤销婚姻的请求权，而使该婚姻无效的婚姻。《民法典》第 1052 条规

① 根据《婚姻法司法解释（一）》第 8 条的规定，当事人依据《婚姻法》第 10 条规定向人民法院申请宣告婚姻无效的，申请时，法定的无效婚姻情形已经消失的，人民法院不予支持。此处的《婚姻法》第 10 条，对应《民法典》第 1051 条，新法内容有修改。

定：“因胁迫结婚的，受胁迫的一方可以向人民法院请求撤销婚姻……”由此可知，婚姻可以撤销的原因为胁迫。因为胁迫当事人结婚，违反了婚姻自由和结婚完全自愿的原则。所以，法律赋予受胁迫一方撤销该婚姻的权利。

申请撤销婚姻，应当在胁迫行为终止之日起一年内提出。被非法限制人身自由的当事人请求撤销婚姻的，应当自恢复人身自由之日起一年内提出。法律规定以上的时间限制，既是尊重当事人的主观意愿，也是出于维护婚姻稳定的目的。如果胁迫行为终止已经过了一年，受胁迫一方只能提起普通的离婚诉讼。也就是说，可撤销婚姻缔结时间只要在胁迫行为终止之日起或恢复人身自由之日起超过一年，在法律上就会被视为完全合法的婚姻。

33. 夫妻一方被宣告死亡后“复活”，已经与他人结婚的一方的婚姻有效吗？

根据《最高人民法院关于贯彻执行〈中华人民共和国民法通则〉若干问题的意见（试行）》第37条的规定及《民法典》第51条的规定，被宣告死亡的人与配偶的婚姻关系，自死亡宣告之日起消除。死亡宣告被人民法院撤销，如果其配偶尚未再婚，夫妻关系从撤销死亡宣告之日起自行恢复；如果其配偶再婚后又离婚或者再婚后配偶又死亡，则不得认定夫妻关系自行恢复。简单来说，一方宣告死亡后，婚姻关系即告自动解除。另一方再婚的话，再婚的婚姻关系受到法律保护，另一方虽未再婚，但向婚姻登记机关书面声明不愿意恢复婚姻的，婚姻关系也不能自行恢复。

34. 夫妻之间签订的“忠诚协议”受法律保护吗？

夫妻忠诚协议一般是指夫妻约定双方应当相互忠诚的协议，并且明确约定哪些行为属于不忠诚的行为，如禁止赌博、禁止婚外性行为，应当孝敬双方父母等，同时还约定了违反忠诚义务的后果，如共同财产的部分或全部属于守约方等。

《民法典》第1043条规定，夫妻应当互相忠实，互相尊重。由此可知，夫妻之间相互忠诚是法定义务。同时，《民法典》还规定了在“与他人同居”导致离婚的情形下，无过错方有权请求损害赔偿。因此，虽然立法上没有明确的关于“忠诚协议”的定性，但在司法实践中，法院一般认为，只要不违背法律法规的禁止性规定，不违背公序良俗，都应该遵从当事人意思自治的原则，认可“忠诚协议”的效力。

另外需要特别说明的是，夫妻“忠诚协议”不同于合同法意义上的合同，一般都要以向法院提起离婚诉讼为前提，法院在判决中认可“忠诚协议”，也是基于准予离婚的前提。因此，要根据“忠诚协议”来索取赔偿，首先要向法院提起离婚诉讼，并提供足够的证据证明对方存在违反“忠诚协议”的行为。

35. 我们日常生活中经常提到的“亲属”指的是哪些人？

《民法典》第 1045 条规定，亲属包括配偶、血亲和姻亲。配偶、父母、子女、兄弟姐妹、祖父母、外祖父母、孙子女、外孙子女为近亲属。配偶、父母、子女和其他共同生活的近亲属为家庭成员。

由法律规定可知，亲属分为配偶、血亲和姻亲三类。血亲包括自然血亲和拟制血亲，前者是指出于同一祖先具有血缘联系的亲属；后者是指彼此本无该种血亲应当具有的血缘关系，但因其符合一定的法律上的条件，确认其与该种血亲具有同等权利和义务的亲属，如继父母与受其抚养教育的继子女、养父母与养子女之间就是拟制血亲。血亲还可以分为直系血亲和旁系血亲，前者是指生育自己的和自己生育的上下各代亲属；后者是指彼此间具有间接的血缘联系，除直系血亲以外的亲属。姻亲是指除配偶外以婚姻关系为中介而产生的亲属，包括血亲的配偶、配偶的血亲、配偶的血亲的配偶，姻亲之间只有在法律特别规定的情况下才具有权利义务关系。

亲属这种社会关系与其他社会关系不同，它一经法律调整，即在具有亲属身份的主体之间产生法律上的权利义务关系。根据我国现行法律的规定，互有扶养权利义务的亲属包括夫妻、父母子女、祖孙、亲兄弟姐妹等。当然，法律上无扶养权利义务的亲属，如叔侄、舅甥等，仍可出于道义而相互扶助，法律并不干预。我国三代以内的旁系血亲为禁婚的亲属，他们负有相互间不得结婚的义务。

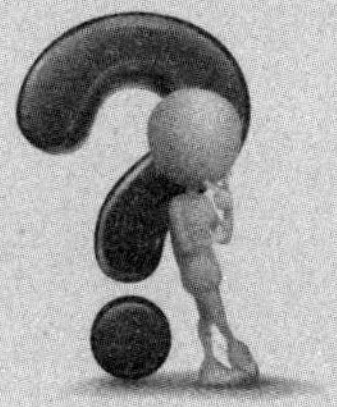

第二章

CHAPTER 2

夫妻共同财产

36. 什么是家事代理权？

《民法典》第1060条规定，夫妻一方因家庭日常生活需要而实施的民事法律行为，对夫妻双方发生效力，但是夫妻一方与相对人另有约定的除外。夫妻之间对一方可以实施的民事法律行为范围的限制，不得对抗善意相对人。这条法律规定俗称“夫妻之间的家事代理权”，此项权利的行使在生活中非常普遍，小到买日用品等琐事都可以称为“夫妻之间的家事代理权”，需要注意的是，法律规定夫妻之间的家事代理权仅限于“家庭日常生活需要”。夫妻双方可以在不违反法律规定的前提下，对彼此实施民事法律行为进行约定，但这个约定仅在夫妻双方之间有效，不得对抗善意第三人。这是对善意第三人的保护，也是对市场交易安全的保障，避免夫妻一方以夫妻行为限制约定为由破坏社会秩序，从而维护社会的稳定与和谐，体现立法的宗旨。

37. 如何办理婚前财产公证?

婚前财产公证，又叫婚前财产约定协议公证，是指公证机关对将要结婚的男女双方就各自婚前财产和债务的范围及其他方面进行证明的活动。办理婚前财产公证需要经过以下程序。

第一步：当事人要准备好以下几种材料。

（1）个人身份证明，如身份证、户口簿，已婚的还要带上结婚证（已婚也可补办婚前财产公证）。

（2）与约定内容有关的财产所有权证明，如房产证、未拿到产权证的购房合同和付款发票等能证明财产属性的证明等。

（3）双方已经草拟好的协议书。协议书的内容一般包括：当事人的姓名、性别、职业、住址等个人基本情况，财产的名称、数量、价值、状况、归属，上述婚前财产的使用、维修、处分的原则等。一般双方当事人的签名和订约日期空缺，待公证员对协议进行审查和修改后，再在公证员面前签字。

第二步：准备好上述材料后，双方必须亲自到公证处提出公证申请，填写公证的申请表格。委托他人代理或是一个人来办婚前财产公证，是不会被受理的。

第三步：公证申请被接待公证员受理后，公证员就财产协议的内容，审查财产的权利证明，查问当事人的订约是否受到欺骗或误导，当事人应如实回答公证员的提问，公证员会履行必要的法律告知义务，告诉当事人签订财产约定协议后承担的法律义务和法律后果。当事人配合公证员做完公证谈话笔录后，在笔录上签字确认。

第四步：双方当事人当着公证员的面在婚前财产协议书上签名。至此，婚前财产公证的办证程序履行完毕。

38. 夫妻单方受赠的财产是否属于夫妻共同财产？

情景再现

小伟和小琴是小两口，婚后虽然生活不算富足但是也过得温馨甜蜜。婚后一年，他们的孩子出世，为了使女儿生活得不用那么艰辛，小琴的父母将城郊一处房产单独赠与小琴，办理房屋过户手续时登记的是小琴的名字。没过几年，夫妻俩感情破裂，小伟起诉离婚，并要求法院将小琴父母赠与小琴的房屋作为夫妻共同财产予以分割。

法律分析

根据《民法典》第1063条第3项的规定，遗嘱或者赠与合同中确定只归一方的财产，属于夫妻一方的个人财产。虽然《民法典》第1062条第1款第4项规定，夫妻在婚姻关系存续期间所得的继承或受赠的财产归夫妻共同所有，但该法第1063条规定了五种只能认定为夫妻一方的个人财产的情形：一方的婚前财产；一方因身体受到伤害获得的医疗费、残疾人生活补助费等费用；遗嘱或赠与合同中确定只归夫或妻一方的财产；一方专用的生活用品；其他应当归一方的财产。

本案中，小琴父母明确房产只赠与自己的女儿，也就是夫妻一方，那么依照法律规定，此房产应为个人财产，不能视为夫妻共同财产。法院在判决准予夫妻双方离婚对财产一并分割处理的同时，不能将该房屋作为夫妻共同财产予以分割。

39. 夫妻一方将个人房产赠送给另一方，可以反悔吗？

我国《民法典》规定了三种夫妻财产约定的模式，即分别所有、共同共有和部分共同共有，并不包括将一方所有的财产约定为另一方所有的情形。将一方所有的财产约定为另一方所有，也就是夫妻之间的赠与行为，虽然双方达成了有效的协议，但因未办理房屋变更登记手续，依照《民法典》对物权相关法律关系的规定，房屋所有权尚未转移，而依照《民法典》关于赠与的规定，赠与房产的一方可以撤销赠与。

《民法典》第658条规定：赠与人在赠与财产的权利转移之前可以撤销赠与。经过公证的赠与合同或者依法不得撤销的具有救灾、扶贫、助残等公益、道德义务性质的赠与合同，不适用前款规定。

《婚姻法司法解释（三）》第 6 条对此规定：婚前或者婚姻关系存续期间，当事人约定将一方所有的房产赠与另一方，赠与方在赠与房产变更登记之前撤销赠与，另一方请求判令继续履行的，人民法院可以按照《合同法》第 186 条[①]的规定处理。若夫妻一方对另一方财产的赠与承诺没有办理公证，在赠与财产的权利转移之前赠与人享有自由撤销权，受赠人要求强制履行不会得到支持。

由此可知，在尚未办理房屋变更登记手续之前，赠与财产的一方可以反悔，撤销对另一方的房产赠与。

40. 夫妻一方以个人财产投资取得的收益，是否属于夫妻共同财产？

情景再现

小辉和小慧是一对夫妻。小辉大学学的金融学，毕业后在

---

① 对应为《民法典》第 658 条的内容，与《合同法》第 186 条相比有所修改，具体为：赠与人在赠与财产的权利转移之前可以撤销赠与。经过公证的赠与合同或者依法不得撤销的具有救灾、扶贫、助残等公益、道德义务性质的赠与合同，不适用前款规定。

银行工作，从大学开始对投资就小有研究，总会把不急用的钱做一些投资，如买卖贵金属、期货交易、基金、外汇、股票等。因为具备专业知识，也有较强的市场分析能力，小辉个人账户上的投资收益也越来越多。后夫妻俩感情不和，诉至法院请求法院解除两人的婚姻关系并对共同财产进行分割。小辉提出，因为个人账户上的投资都是以自己的名义和收入所进行而获得的，因此法院不应当将这笔财产认定为夫妻共同财产进行分割。

法律分析

《民法典》没有明确规定夫妻一方以个人财产投资取得的收益是否属于夫妻共同财产，但是《婚姻法司法解释（二）》第11条规定，婚姻关系存续期间，一方以个人财产投资取得的收益属于《婚姻法》第17条[①]规定的“其他应当归共同所有的财产”。

所以，本案中，小辉虽然是以自己的工资收入为投资资本，也是以自己的名义进行的投资，但是根据法律规定，该收入应当认定为夫妻共同财产。

现实生活中，有很多《民法典》没有明确规定是否属于夫妻共同财产的情形，但是相关司法实践操作予以了补充性的规

---

① 对应《民法典》第1062条的内容，与《婚姻法》第17条相比有所修改。具体为：“夫妻在婚姻关系存续期间所得的下列财产，为夫妻的共同财产，归夫妻共同所有：……（五）其他应当归共同所有的财产。……”

定，是否认定为夫妻共同财产法律会不断完善。

41. 房产证上只有夫妻一方的名字，该房产是否属于夫妻共同财产？

情景再现

李松和周丽经过相亲相识，在几次见面后，两人便决定结婚。李松在金融机构工作，经济条件较好，因为婚前缺乏细致了解，李松婚后用自己的积蓄购买了两套房产，两套房产均只落李松自己的名字。在两人孩子出生以后，夫妻双方互相熟悉和了解了，李松将婚后买房的情况告诉了周丽，周丽也是知书达理的，表示理解。后夫妻的感情经不起时间的考验，双方协议离婚，对于李松婚后落自己名字的这两套房产，周丽认为属于夫妻共同财产，李松则认为这是个人财产不能予以分割，遂闹到法院。

法律分析

根据《民法典》第1062条的规定，夫妻在婚姻关系存续期间所得的工资、奖金，生产、经营的收益，知识产权的收益等以及其他应当归共同所有的财产，属于夫妻共同财产。《民法典》

对于夫妻共同财产进行了列举式的列明，法律列明的财产，在婚姻关系存续期间如夫妻双方没有特别约定，都应当视为夫妻共同财产，夫妻双方应当对共同所有的财产进行协商，平等处理，法律也明确规定了夫妻对共同财产的平等处理权。

本案中，虽然房产证上只落了夫妻一方即李松的名字，但是因为该房产系在夫妻关系存续期间所购买，如果夫妻之间并没有其他特别约定对财产进行划分，该房产应当属于夫妻共同财产。

42. 婚后由一方父母出资为子女购买的不动产，属于夫妻共同财产吗？

情景再现

秦刚和张霞大学毕业后很快就结婚了。结婚后，夫妻一直租房住，后秦刚在父母的帮助出资下购买了一套温馨的小户型，房屋落秦刚一个人的名字，父母也明确该房屋系赠送给秦刚的个人财产，两人告别寄人篱下的日子，搬进新屋。可是好景不长，后来双方觉得性格差异越来越大，矛盾冲突也越来越多，遂向法院起诉离婚。在庭审中，双方对秦刚父母购买的该套房屋各执己见，张霞认为房子是婚后购买的，应当属于夫妻共同财产，要求进行分割；而秦刚认为按照法律规定，房子是自己父母出资购买的，且明确为赠送给自己一人的财产，不属于夫妻共同财产，张霞无权要求分割。

法律分析

我国《民法典》第1063条规定了为夫妻一方的个人财产的情形：一方的婚前财产；一方因受到人身损害获得的赔偿或者补偿；遗嘱或赠与合同中确定只归一方的财产；一方专用的生活用品；其他应当归一方的财产。如果夫妻一方父母在出资购买房屋时已经明确说明房屋系个人财产，此种情形就属于上述法律规定的第三种情形，应当属于个人财产，不能作为夫妻共同财产进行分割。

婚后由父母帮助出资购买房屋的情形很多，这些房产是认定为个人财产还是共同财产，因情况不同而有差异。具体法律规定为《婚姻法司法解释（三）》第7条，大致认定方式为：婚后由一方父母出资为子女购买的房屋，产权登记在出资人子女名下的，该房屋应认定为夫妻一方的个人财产。由双方父母出资购买的房屋，产权登记在一方子女名下的，该房屋可认定为双方按照各自父母的出资份额按份共有，但当事人另有约定的除外。

43. 夫妻一方的财产会因婚姻关系的建立而转化为夫妻共同财产吗?

情景再现

张建和孙慧是大学同学，两人自大一开始就谈恋爱，毕业后都找到了稳定的工作，工作两年后，两人便决定结婚。两人事业都处于起步阶段，买房不是近期能够考虑的目标，张建父母都在金融机构工作，家庭经济条件较好，为了孩子结婚后能有舒适的居住环境，在两人婚前，张建父母便为张建购置了婚房，并且房屋只落张建一个人的名字。婚后，双方已不能如恋爱时那般甜蜜，经常为琐事吵闹甚至大打出手，后双方诉至法院请求判决离婚。

庭审中，争议最大的是张建父母于二人婚前购买的房产，孙慧认为虽然该房是张建父母于二人婚前所购买，但婚后由他们夫妻二人居住，该房屋因为婚姻关系的产生和延续而转化为夫妻共同财产，请求予以分割，张建则认为房子是自己的个人财产，不能予以分割。

法律分析

我国《民法典》第1063条规定了为夫妻一方财产的情形：

一方的婚前财产；一方因受到人身损害获得的赔偿或者补偿；遗嘱或赠与合同中确定只归一方的财产；一方专用的生活用品；其他应当归一方的财产。根据《婚姻法司法解释（一）》第 19 条的规定，依法[①]为夫妻一方所有的财产，不因婚姻关系的延续而转化为夫妻共同财产。但当事人另有约定的除外。由此可知，除非夫妻双方另有约定，否则夫妻一方所有的财产，不因婚姻关系的延续而转化为夫妻共同财产。

具体到本案，房子是张建父母在二人婚前所购买的，双方也没有另行约定该房屋为夫妻共同财产，虽然婚后房屋是夫妻二人共同居住的，但根据法律规定，该房屋属于张建个人财产，不能予以分割。

44. 夫妻一方的婚前债务，另一方在婚后有义务承担吗？

情景再现

丽丽家境贫寒，高考不理想的她远赴广东打工。一个人出门在外，丽丽颇为艰辛，在自己孤独无助的时候，孙坚出现了。

① 即依《婚姻法》第 18 条规定的“夫妻一方的财产”，对应《民法典》第 1063 条所规定的“夫妻一方的个人财产”，新法内容有修改。

两人是同工厂的工友又是老乡，孙坚给了丽丽安全感和幸福感，不久两人便从热恋到了谈婚论嫁。婚后不久，孙坚本性暴露，整天好吃懒做，脾气暴躁，动不动就对丽丽又打又骂，丽丽不堪折磨便向法院起诉离婚。在对夫妻共同财产及债务进行分割时，孙坚提出自己在婚前为了结婚欠下5万元的债务，并且有一部分已经用于婚后的生活，要求这5万元的债务由夫妻二人共同承担，丽丽则坚称婚后家里大部分花销都是她所出，且孙坚并没有工作也没有拿出钱来供二人生活所需，对此债务不应当由二人共同承担。

法律分析

孙坚的主张于法无据，不能得到法院的支持。

根据我国《婚姻法》第41条及《民法典》第1089条的规定，离婚时，夫妻共同债务应当共同偿还。共同财产不足清偿或者财产归各自所有的，由双方协议清偿；协议不成的，由人民法院判决。孙坚主张的自己所欠的债务并不是夫妻关系存续期间所产生，也并没有证据证明其已经用于夫妻共同生活。因此，要求作为夫妻共同债务由丽丽分担一半于法无据。

关于夫妻共同债务的认定，针对婚前债务的承担方式，除了上述规定，《婚姻法司法解释（二）》第23条还作了补充性规定，对于婚前债务要求夫妻双方共同承担的，必须有证据能够证明已经用于婚后家庭的共同生活，才能认定为夫妻共同债务。

45. 夫妻单方以个人名义所负债务，属于夫妻共同债务吗？

情景再现

小竹和小树是老乡，在外打工时相识，不久就结婚了。婚后不久，小树本性暴露，整天好吃懒做，脾气暴躁，还动不动就对小竹又打又骂。一天，家里来了不速之客，小竹才知道小树婚后没有工作，所花的钱都是问别人借的，小竹为此伤心不已，便向法院起诉离婚。在对夫妻共同财产及债务进行分割时，小树提出自己婚姻关系存续期间所欠债务基本上都用于夫妻共同生活，应当由夫妻共同承担。小竹则认为小树以自己的名义借款，应该不关自己的事，不应由二人共同负担。

法律分析

我国《民法典》第1089条规定，离婚时，夫妻共同债务应当共同偿还。共同财产不足清偿或者财产归各自所有的，由双方协议清偿；协议不成的，由人民法院判决。根据《婚姻法司法解释（二）》第24条的规定，债权人就婚姻关系存续期间夫妻一方以个人名义所负债务主张权利的，应当按夫妻共同债务处理。但夫妻一方能够证明债权人与债务人明确约定为个人债务，或者能够证明属于《婚姻法》第19条第3款规定情形的除外。《婚姻法》第19条第3款对应《民法典》第1065条第3款，具体内容为："夫妻对婚姻关系存续期间所得的财产约定归各自所有，夫或者妻一方对外所负的债务，相对人知道该约定的，以夫或者妻一方的个人财产清偿。"

虽然借款是以夫或妻单方名义，但所欠债务实际用于夫妻共同生活的，应当认定为夫妻共同债务，公平负担。只要债务形成于夫妻关系存续期间，而且双方没有对财产及债务进行特别约定，另一方也不能证明夫妻借款一方与借款人已经明确约定借款为个人债务，都应当按照夫妻共同债务来处理。法律对夫妻共同债务负担的规定，主要是从保护善意债权人的角度出发，因为夫妻关系的亲疏远近第三方是很难具体知晓的。因此，本案中，由于小树在婚姻关系存续期间所欠债务基本上都用于夫妻共同生活，属于夫妻共同债务，应当由夫妻共同承担。

46. 哪些财产属于法律规定的夫妻共同财产？

夫妻共同财产包括夫妻双方或者一方在婚姻关系存续期间取得的劳动收入和其他合法收入、受赠的财产、继承的财产等。

《民法典》第1062条对夫妻在婚姻关系存续期间所得的、

应归夫妻共同所有的财产范围作出了规定，即夫妻在婚姻关系存续期间所得的下列财产，归夫妻共同所有：

（1）工资、奖金、劳务报酬，是指在夫妻关系存续期间，一方或双方的工资、奖金收入及各种福利性政策性收入、补贴。

（2）生产、经营、投资的收益，是指在夫妻关系存续期间，夫妻一方或双方从事生产、经营、投资的收益。

（3）知识产权的收益，是指在夫妻关系存续期间，夫妻一方或双方拥有的知识产权的收益。

（4）继承或者受赠的财产，是指在夫妻关系存续期间，一方或双方因继承遗产和接受赠与所得的财产。对于继承遗产的所得，指的是财产权利的取得，而不是对财产的实际占有。即使婚姻关系终止前并未实际占有，但只要继承发生在夫妻关系存续期间，所继承的财产就是夫妻共同财产，但《民法典》第1063条第3项规定的除外。

（5）其他应当归共同所有的财产。

47. 哪些财产属于夫妻一方个人财产？

夫妻个人财产，也称夫妻保留财产，是指夫妻在实行共同财产制的同时，依照法律规定或夫妻约定，夫妻各自保留的一定范围的个人所有财产。《民法典》第1063条则明确规定夫妻一方所有的财产范围，包括：（1）一方的婚前财产；（2）一方因受到人身损害获得的赔偿或者补偿；（3）遗嘱或赠与合同中确定只归一方所有的财产；（4）一方专用的生活用品；（5）其他应当归一方的财产。

如果夫妻在婚姻关系存续期间所得的财产约定归各自所有，而第三人又不知道该约定，则以夫妻在婚姻关系存续期间所得的财产清偿。婚前、婚后的时间分隔点是婚姻登记之日，同居、共同生活、举办传统婚姻仪式，都不是两者的划分标准。

48. “买断工龄款”是否属于共同财产？

“买断工龄款”究竟属于夫妻共同财产，还是个人财产，应该从“买断工龄款”的性质与组成来分析确定。

“买断工龄款”由该职工在企业实际工作年限应得的经济补偿和再就业补偿金两部分组成，是企业将该职工的连续工龄核算计价后的补偿，无论男女老少，一次性支付的费用。该费用支付后，双方劳动关系解除，该职工档案转至劳务市场、人才交流中心或街道办事处，自此，该职工与单位之间再无干系。可见，“买断工龄款”实际上是企业自行确定的，是对被解除劳动关系的劳动者工龄及再就业的一种经济补偿，作为其今后基本生活、医疗、养老和再就业的保障。

从“买断工龄款”的构成上看，有一部分钱是对劳动者工作年限的一次性补偿，这部分款项具有工资的属性，那么，夫妻关系存续期间与工作期间相重合的部分，应该作为夫妻共同财产予以分割。所以，若将“买断工龄款”作为买断方的个人财产，就剥夺了另一方应享有的财产权，这样既不公平也不合法。如果将“买断工龄款”作为夫妻共同财产，该工龄款中关于夫妻结婚前的工龄折算和再就业部分的补偿也要参与分配。

从现实情况看，许多工人尤其是中老年工人与企业解除劳动关系后，由于自身条件的限制和当今就业艰难的形势，再找到一份工作比较难。因此，对许多人来说，这笔款项是以后的基本生活和就业保障费用，甚至是养老钱。该款项全部作为夫妻共同财产来分割，显然侵害了买断工龄方的合法权益。

综上所述，“买断工龄款”应部分是夫妻共同财产，部分是个人财产。“买断工龄款”在某种意义上类似于军人的“自主择业费”，实践中可以参照对“自主择业费”的有关立法精神来理解和处理。《婚姻法司法解释（二）》第14条规定：“人民法院审理离婚案件，涉及分割发放到军人名下的复员费、自主择业费等一次性费用的，以夫妻婚姻关系存续年限乘以年平均值，所得数额为夫妻共同财产。前款所称年平均值，是指将发放到军人名下的上述费用总额按具体年限均分得出的数额。其具体年限为人均寿命七十岁与军人入伍时实际年龄的差额。”由此，对

“买断工龄款”的分割也可以按此方法来计算，即夫妻共同财产部分 = 夫妻关系存续年限 × [买断工龄款总额 ÷（70- 参加工作时的实际年龄）]，该部分可以作为夫妻共同财产予以分割。除此之外，应属买断工龄方的个人财产。

49. 辞职补偿金是否属于夫妻共同财产?

辞职补偿金不应作为夫妻共同财产处理。

辞职补偿金与工资、奖金有明显区别。首先，正常的工资、奖金是对劳动者平时所付出劳动的补偿，而辞职补偿金是针对劳动者辞职这一特定事件而发生的。它一方面是用人单位对劳动者多年与之建立忠诚、稳定劳动关系的奖励；另一方面是对劳动者失去工作后能在一定时期内得以继续谋生、减少生存风险的一种经济扶助。其次，辞职补偿金是劳动者以放弃长期、稳定的劳动期待收入为代价换来的。因此，辞职补偿金不是通常意义上的工资、奖金所得，它与劳动者的个人身份具有严格密切的关系，是对个人生存权、劳动权造成严重影响时的补助，与婚姻关系没有明显内在的必然联系。

《民法典》第 1063 条第 2 项规定，一方因受到人身损害获得的赔偿或者补偿为夫妻一方的个人财产。该规定虽然仅明确列举了伤害医疗费和残疾人生活补助费两项具有严格人身属性的财产属个人财产，但同时也规定了所有具有严格人身属性的财产均属夫妻一方的财产。因此，辞职补偿金应属个人财产，而非夫妻共同财产。

50. 一方因家事而处分夫妻共同财产的行为是否有效？

夫妻共同财产制不是我们日常生活中所谓“一人一半”那么简单，夫妻对财产的共有不是按照份额所有的，而是共同共有。

夫妻双方对财产各自都有完整的权利，任何一方都不能擅自处理共有财产。只要夫妻关系存续，就不能划分为丈夫占几份、妻子占几份，而是夫妻双方对所有共有财产有同等的所有权。按照法律的规定，处理共同共有的财产，应该经过所有共有人同意，共有人在没有与其他共有人协商的情况下，擅自处理共同共有的财产的，处理行为无效。

家事代理权的权限范围为日常家庭生活事务。所谓日常家庭事务，是指夫妻双方及其共同的未成年子女日常共同生活必要的事项，如购物、保健、衣食、娱乐、医疗、雇工、接受馈赠等。在这一范围内从事事务，只要识别双方具有夫妻关系，即可认定其具有家事代理权，无须附加其他限制性条件。但在非因日常生活需要对夫妻共同财产作重要处理决定的事务方面，不能绝对适用家事代理权，应强调夫妻双方意思表示的一致性，除非与之进行民事法律行为的相对人善意地有理由相信一方的处分行为是夫妻双方的共同意思表示。

不能绝对适用家事代理权的事务主要有：（1）处分不动产。夫妻任何一方处分双方共有的不动产，通常不属于适用家事代理权的范围。但妻或夫若不处分共有的不动产就不能维持家庭生活必要费用的行为，可视为日常家事范围。（2）处分具有重大价值的财产。（3）处理与婚姻当事人一方人身有密切关联的事务，如领取劳动报酬、放弃继承权等。

我国家事代理权制度的设立，既考虑到交易的便捷性和安全性，也充分考虑到夫妻双方的平等与合意，考虑到保护双方平等的财产权。因此，在司法实践中对家事代理权的适用应当严格依照法律的规定，而不能任意扩张。

51. 一方的住房补贴、住房公积金是否属于夫妻共同财产?

根据《婚姻法司法解释（二）》第11条的规定，婚姻关系存续期间，下列财产依法[①]属于“其他应当归共同所有的财产”：（1）一方以个人财产投资取得的收益；（2）男女双方实际取得或

① 即属于《婚姻法》第17条规定的“其他应当归共同所有的财产”，对应《民法典》第1062条，新法内容有修改。

者应当取得的住房补贴、住房公积金；（3）男女双方实际取得或者应当取得的养老保险金、破产安置补偿费。夫妻一方提出分割的住房补贴、住房公积金，是婚姻关系存续期间已实际取得的财产，应属于夫妻的共同财产。

在离婚案件处理中，作为夫妻共同财产予以分割的住房公积金与住房补贴，只能是婚姻关系存续期间所得的和应得的住房补贴和住房公积金，婚姻关系存续期间之外的，则属于个人财产，归个人所有。因此，分清资金取得的时间是当事人举证的关键，也是法院审查的重点。在审判实践中，双方都尚存住房补贴或公积金的，计算出双方婚姻关系存续期间各自尚存的资金总额，通过折抵的方法，由总额较多的一方给予总额较少的另一方差价补偿，使双方所得资金相当；仅有一方持有住房补贴与住房公积金的，则直接予以各半分割。鉴于住房补贴与住房公积金的提取需要满足一定的条件，当事人可以现金折价款的方式来直接履行给付义务。

52. 以一方名义在有限责任公司的出资额是否属于夫妻共同财产？

以一方名义在有限责任公司的出资额是否属于共同财产，并未直接明确规定在《民法典》第 1062 条夫妻共同财产范畴内。但是，根据《婚姻法司法解释（二）》第11条的规定，婚姻关系存续期间，下列财产属于“其他应当归共同所有的财产”：（1）一方以个人财产投资取得的收益；（2）男女双方实际取得或者应当取得的住房补贴、住房公积金；（3）男女双方实际取得或者应当取得的养老保险金、破产安置补偿费。由此可见，“一方以个人财产投资取得的收益”被认定为司法解释界定的“其他应当归共同所有的财产”范畴，那么以一方名义在有限责任公司的出资额（无论是以个人财产还是以夫妻共同财产）均应按照夫妻共同财产处理。

《婚姻法司法解释（二）》第16条规定，人民法院审理离婚案件，涉及分割夫妻共同财产中以一方名义在有限责任公司的出资额，另一方不是该公司股东的，按以下情形分别处理：（1）夫妻双方协商一致将出资额部分或者全部转让给该股东的配偶，过半数股东同意、其他股东明确表示放弃优先购买权的，该股东的配偶可以成为该公司股东；（2）夫妻双方就出资额转让份额和转让价格等事项协商一致后，过半数股东不同意转让，但愿意以同等价格购买该出资额的，人民法院可以对转让出资所得财产进行分割。过半数股东不同意转让，也不愿意以同等价格购买该出资额的，视为其同意转让，该股东的配偶可以成为该公司股东。用于证明前款规定的过半数股东同意的证据，可以是股东会决议，也可以是当事人通过其他合法途径取得的股东的书面声明材料。

53. 以一方名义在合伙企业的出资是否属于夫妻共同财产？是的话，离婚时如何分割？

以一方名义在合伙企业的出资是否属于共同财产，并未直接明确规定在《民法典》第1062条夫妻共同财产的范畴内。但是，根据《婚姻法司法解释（二）》第11条的规定，婚姻关系存续期间，下列财产属于“其他应当归共同所有的财产”：（1）一方以个人财产投资取得的收益；（2）男女双方实际取得或者应当取得的住房补贴、住房公积金；（3）男女双方实际取得或者应当取得的养老保险金、破产安置补偿费。由此可见，“一方以个人财产投资取得的收益”被认定为司法解释界定的“其他应当归共同所有的财产”范畴，那么以一方名义在合伙企业的出资额（无论是以个人财产还是以夫妻共同财产）均应按照夫妻共同财产处理。

对于合伙企业出资在离婚时的分割处理，应当结合合伙企业相关法律规定，分不同情况处理。《婚姻法司法解释（二）》第17条规定，“人民法院审理离婚案件，涉及分割夫妻共同财产中以一方名义在合伙企业中的出资，另一方不是该企业合伙人的，当夫妻双方协商一致，将其合伙企业中的财产份额全部或者部分转让给对方时，按以下情形分别处理：（一）其他合伙人一致同意的，该配偶依法取得合伙人地位；（二）其他合伙人不同意转让，在同等条件下行使优先受让权的，可以对转让所得的财产进行分割；（三）其他合伙人不同意转让，也不行使优先受让权，但同意该合伙人退伙或者退还部分财产份额的，可以对退还的财产进行分割；（四）其他合伙人既不同意转让，也不行使优先受让权，又不同意该合伙人退伙或者退还部分财产份额的，视为全体合伙人同意转让，该配偶依法取得合伙人地位”。以上几种情况，具体操作时还应注意：

（1）如果一方以夫妻共同财产出资与他人设立合伙企业，除另有约定外，夫妻双方之间对该出资以及因该出资而产生的收益有共同的处分权。若未参与经营的一方想参与合伙企业的经营，应按入伙的有关规定处理，但是在具体操作上，可由参与经营的一方将其在合伙企业中出资的一半转让给另一方，而不必由另一方再实际出资，这类似于合伙人向合伙人以外的人转让其在合伙中的份额的情形。

（2）如果未参与经营的一方不想参与合伙企业的经营，或者原合伙企业的第三人不同意其入伙，则应由参与合伙的一方对另一方作出补偿。这种补偿不应以出资时的出资额为标准，因为个别合伙企业的经营状况处于不断变化之中，原始的出资额外负担着已经转化为基于出资而享有的权益。故在离婚时，应对这种权益的价值进行评估，将其价值的一半作价补偿给另一方。此时评估的价值可能多于出资额，也可能少于出资额。如果参与经营的一方不想继续经营而未参与经营的一方想参与到合伙企业的经营中来，应当由夫妻双方与其他合伙人共同协商，协商不成的，应当按照合伙份额转让的一般规定处理，实际操作中可以由参与经营的一方以给予另一方补偿的方式参与到合伙中。

（3）要注意依法保护其他合伙人的优先购买权，其他合伙人行使该权利时，夫妻一方转让合伙份额的所得应当作为夫妻共同财产分割。应当注意一方为逃避责任而转移合伙企业财产或者与其他合伙人串通转移合伙企业财产的情况，如果发现，应当按照妨碍民事诉讼的有关规定处理。

54. 以一方名义投资设立的独资企业是否属于夫妻共同财产？

以一方名义投资设立的独资企业是否属于共同财产，并未直接明确规定在《民法典》第1062条夫妻共同财产范畴内。但是，根据《婚姻法司法解释（二）》第11条的规定，婚姻关系存续期间，下列财产属于“其他应当归共同所有的财产”：（1）一方以个人财产投资取得的收益；（2）男女双方实际取得或者应当取得的住房补贴、住房公积金；（3）男女双方实际取得或者应当取得的养老保险金、破产安置补偿费。由此可见，“一方以个人财产投资取得的收益”被认定为司法解释界定的“其他应当归共同所有的财产”范畴，那么以一方名义投资设立的独资企业（无论是以个人财产还是以夫妻共同财产）均应按照夫妻共同财产处理。

《婚姻法司法解释（二）》第18条规定，夫妻以一方名义投资设立独资企业的，人民法院分割夫妻在该独资企业中的共同财产时，应当按照以下情形分别处理：（1）一方主张经营该企业的，对企业资产进行评估后，由取得企业一方给予另一方相应的补偿；（2）双方均主张经营该企业的，在双方竞价基础上，由取得企业的一方给予另一方相应的补偿；（3）双方均不愿意经营该企业的，按照《个人独资企业法》等有关规定办理。

根据司法实践，夫妻共同出资设立的企业，一般分两种情况：其一，夫妻以各自所有的财产出资设立的企业。其二，以夫妻共同财产出资设立的企业。无论哪种情况，如果因夫妻双方都不愿意继续经营而涉及对企业财产进行分割，应在按照有关企业清算的规定进行清算并偿还债务及支付其他应当支付的费用后，对剩余的财产在夫妻之间按约定或出资比例分割，或者进行平均分割，并办理企业注销手续。企业财产不足以清偿债务和支付其他费用的，如果企业的责任形式是有限责任，除法律规定的事由外，夫妻任何一方都不再承担责任，也无所谓企业的财产分割问题；如果企业的责任形式是无限责任，则应以夫妻共同财产支付上述债务和费用。

55. 残疾赔偿金是否属于夫妻共同财产？

《民法典》第1063条第2项规定，一方因受到人身损害获得的赔偿或者补偿属于夫妻一方的财产。但同时，按照《最高人民法院关于审理人身损害赔偿案件适用法律若干问题的解释》的相关规定，残疾赔偿金是赔偿受害人劳动能力本身的丧失，而在夫妻关系存续期间丧失劳动能力的，造成了夫妻关系存续期间共同收入的减少，残疾赔偿金具有填补该损失的作用，所以如果全部认定为个人财产有失公允，应部分属于夫妻共同财产。因此，司法实践中，存在按照“残疾赔偿金实际额（不含扶养、抚养费等）÷（人均寿命70岁－一方致残时的实际年龄）×残疾赔偿金实际额度（不含扶养、抚养费等）＝夫妻共同财产”的公式认定夫妻共同财产的做法。

56. 复员、转业军人的复员费、转业费属于夫妻共同财产吗？

《民法典》第1062条没有将复员、转业军人的复员费、转业费明确列为夫妻共同财产。根据《民法典》第1062条的规定，除第1063条规定的5种情形属于夫妻一方的财产外，其他夫妻关系存续期间所得财产都应当归夫妻共同所有。

由于国家并没有相关法律或条令规定军人转业费用的归属性质，故应根据《民法典》的上述规定，分段考虑其归属性质：（1）凡根据军人婚前兵龄和军衔计算所得部分，应视为军人的个人财产，离婚时不参与夫妻共同财产的分割。（2）凡根据军人婚后兵龄和军衔计算所得部分，应视为夫妻共同财产，离婚时按照夫妻共同财产分割。（3）《婚姻法司法解释（二）》第13条规定，军人的伤亡保险金、伤残补助金、医药生活补助费属于个人财产。第14条规定，人民法院审理离婚案件，涉及分割发放到军人名下的复员费、自主择业费等一次性费用的，以夫妻婚姻关系存续年限乘以年平均值，所得数额为夫妻共同财产。前款所称年平均值，是指将发放到军人名下的上述费用总额按具体年限均分得出的数额。其具体年限为人均寿命70岁与军人入伍时实际年龄的差额。

57. 夫妻一方将共同所有的房产赠送给情人是否有效？

《婚姻法司法解释（一）》第17条规定，《婚姻法》第17条，即《民法典》第1062条（新法内容有所调整）关于“夫妻对共同财产，有平等的处理权”的规定，应当理解为：（1）夫或妻在处理夫妻共同财产上的权利是平等的。因日常生活需要而处理夫妻共同财产的，任何一方均有权决定。（2）夫或妻非因日常生活需要对夫妻共同财产做重要处理决定，夫妻双方应当平等协商，取得一致意见。他人有理由相信其为夫妻双方共同意思表示的，另一方不得以不同意或不知道为由对抗善意第三人。

夫妻一方在另一方不知情的情况下将夫妻以共同财产购买的房产赠与了情人，该情人明知赠与行为没有得到另一方的认可，由此可知该情人并非善意第三人，赠与行为属于无效，夫妻另一方可行使撤销权撤销赠与，取回相关房屋。

58. 婚前一方付首付款，婚后共同按揭，离婚时房产如何处理？

根据《婚姻法司法解释（三）》第10条的规定，夫妻一方婚前签订不动产买卖合同，以个人财产支付首付款并在银行贷款，婚后用夫妻共同财产还贷，不动产登记于首付款支付方名下的，离婚时该不动产由双方协议处理。依前款规定不能达成协议的，人民法院可以判决该不动产归产权登记一方，尚未归还的贷款为产权登记一方的个人债务。双方婚后共同还贷支付的款项及其相对应财产增值部分，离婚时应根据《婚姻法》第

39 条第 1 款（即《民法典》第 1087 条第 1 款，新法内容有微调）规定的原则，由产权登记一方对另一方进行补偿。此时，对于夫妻一方婚前购买的房屋，即使婚后夫妻共同还贷，离婚时房屋仍归属于购买房屋的一方，另一方只能得到一定的补偿。

59. 婚前借款用于婚后夫妻共同生活，是否属于夫妻共同债务？

《婚姻法司法解释（二）》第 23 条规定："债权人就一方婚前所负个人债务向债务人的配偶主张权利的，人民法院不予支持。但债权人能够证明所负债务用于婚后家庭共同生活的除外。"根据上述规定，司法实践中，婚前个人债务转化为婚后共同债务有以下几种类型：（1）一方婚前按揭贷款买房，婚后夫妻双方共同居住或共同使用的，可以转化为婚后共同债务；（2）一方婚前举债购置大量结婚用品，婚后为夫妻双方共同生活所需的，可以转化为婚后共同债务；（3）一方婚前借款装修房屋，该房屋供夫妻婚后共同居住或共同使用的；（4）双方与债权人约定，同意夫妻一方个人债务由夫妻共同偿还的。综上所述，一般情况下，婚前一方债务不会转化为夫妻共同债务，但是特殊情况下，如上述所列的四种情况在债权人举证充分的情况下，则会进行转化。

60. 为躲避债务而离婚，并放弃全部财产的行为是否有效？

根据《民法典》第1089条的规定，离婚时，夫妻共同债务应当共同偿还。共同财产不足清偿或者财产归各自所有的，由双方协议清偿；协议不成的，由人民法院判决。同时，根据《婚姻法司法解释（二）》第24条的规定，债权人就婚姻关系存续期间夫妻一方以个人名义所负债务主张权利的，应当按夫妻共同债务处理。但夫妻一方能够证明债权人与债务人明确约定为个人债务，或者能够证明属于“夫妻对婚姻关系存续期间所得的财产约定归各自所有的，夫或妻一方对外所负的债务，第三人知道该约定的，以夫或妻一方所有的财产清偿”（即属于《婚姻法》第19条第3款的情形，对应《民法典》第1065条第3款，内容有调整）的情形的除外。由此可知，为躲避债务而离婚的行为，俗称“假离婚”并放弃全部财产的行为，并不能免除夫妻双方需共同偿还共同债务的义务。

61. 夫妻分居期间一方借款，是否属于夫妻共同债务？

根据《民法典》第1089条的规定，离婚时，夫妻共同债务应当共同偿还。共同财产不足清偿或者财产归各自所有的，由双方协议清偿；协议不成的，由人民法院判决。其中，“夫妻共同债务”是指基于夫妻家庭共同生活的需要，以及对共有财产的管理、使用、收益和处分而产生的债务。由此可知，对夫妻共同债务的判断，应以是否用于夫妻共同生活为评判标准。如果夫妻分居期间，并没有证据证明一方的借款是用于夫妻共同生活，那么就不属于夫妻共同债务。虽然婚姻关系存续，但双方已事实上分居，一方的借款如果未经对方同意，就并不存在用于共同生活的现实可能性，应认定为个人债务。

62. 夫妻离婚，子女可以请求分割财产吗?

夫妻离婚分配的是夫妻共同财产，子女没有权利参与父母夫妻财产分割。综观《民法典》以及《婚姻法》和相关司法解释，关于夫妻共同财产的界定主体都只是夫妻双方而已，严格意义上讲夫妻共同财产属于夫妻间财产，与子女无关。但是，在离婚时考虑双方意愿而协议将部分财产让与子女是可以的。

63. 离婚时，夫妻共同财产通常如何处理?

根据我国《民法典》第1062条的规定，夫妻共同财产有如下几种：（1）工资、奖金、劳务报酬；（2）生产、经营、投资的收益；（3）知识产权的收益；（4）继承或者受赠的财产，但是本法第 1063 条第 3 项规定的除外；（5）其他应当归共同所有的财产。而《民法典》第 1087 条同时规定了离婚时夫妻共同财产的处理原则是协商：离婚时，夫妻的共同财产由双方协议处理；协议不成的，由人民法院根据财产的具体情况，按照照顾子女、女方和无过错方权益的原则判决。对夫或者妻在家庭土地承包经营中享有的权益等，应当依法予以保护。

夫妻共同财产由双方协议处理，是指由夫妻双方对共同财产如何分割协商解决。协议可以在人民法院调解过程中进行，也可以在其他时间地点进行。协议的内容应记载在离婚调解书上。之所以由夫妻双方协议，是因为夫妻双方对财产的用途、性质、功能有更加深刻的了解，可以使达成的协议不致脱离实际情况，同时也有助于双方的自觉履行。

只要分割共同财产的协议合法有效，人民法院一般不得主动干预。如果协议不成，人民法院才会依照前述方式予以判决。

64. 离婚时，如何处理夫妻共同债务？

根据《民法典》第 1089 条的规定，离婚时，夫妻共同债务应当共同偿还。共同财产不足清偿或者财产归各自所有的，由双方协议清偿；协议不成的，由人民法院判决。该条同时规定，共同财产不足清偿的，或者财产归各自所有的，由双方协议清偿；协议不成时，由人民法院判决。根据《民法典》以及《婚姻法》和相关司法解释的规定可知，处理夫妻共同债务，一般遵循以下原则：（1）以夫妻共同财产偿还的原则。（2）协商一致的原则。（3）依法保护债权人合法权益不受侵害的原则。（4）男女平等与保护妇女利益相结合、考虑双方当事人实际履行能力的原则。

65. 夫妻将房产登记在未成年子女名下，离婚时如何处理？

房产实行登记主义原则，房子的产权人以登记的为准，只有产权证上登记的产权人才是房屋的所有人。虽然子女尚未成年，属于无民事行为能力人，但是根据《民法典》的规定，即使是无民事行为能力人也具有接受财产赠与的权利，未成年子女的民事行为能力同完全民事行为能力人是一样的。既然购房时夫妻双方明确表示将房子登记在未成年子女的名下，这就视为双方一致同意将房产赠与孩子，并且房屋也确实登记在未成年子女名下，房子的产权人只有未成年子女一人，那么房产就是孩子的个人财产，夫妻离婚时不能将未成年子女名下的房屋作为夫妻共同财产进行分割。但是，由于子女尚未成年，不能对房产进行管理，因此法律规定可以由未成年子女的监护人代为管理，但是不能任意处分该房产。

66. “全职家庭主妇”离婚时可以平均分割夫妻共同财产吗?

全职家庭主妇，指已婚全职照顾家庭、做家务而不外出工作的妇女。家庭主妇的服务对象是家庭的成员，包括丈夫、儿女，与夫家成员同住的还要照顾夫家的成员。

我国《民法典》第1062条规定，夫妻在婚姻关系存续期间所得的下列财产，归夫妻共同所有:（1）工资、奖金、劳务报酬;（2）生产、经营、投资的收益;（3）知识产权的收益;（4）继承或者受赠的财产，但是《民法典》第1063条第3项规定的除外;（5）其他应当归共同所有的财产。由此可知，我国的夫妻财产制度实行的是共同共有制，原则上不考虑各方对财产贡献的大小或收入的有无及高低，离婚时一般均等分割夫妻共同财产。虽然全职家庭主妇没有对外从事工作因而没有收入，为家庭财产性贡献较小，但是其对家庭关系的维护作出了不可忽视的贡献，因而全职家庭主妇对夫妻共同财产有权要求平均分割。

夫妻对共同所有的财产有平等的处理权。夫妻共同财产和家庭共同财产，坚持男女平等，保护妇女、儿童的合法权益，照顾无过错方，尊重当事人意愿，有利于生产、方便生活的原则，合情合理地予以解决。全职家庭主妇也是为婚姻家庭生活作出贡献的一方，在不存在法律规定的例外情形之下，有权要求平均分割夫妻共同财产。

67. 夫妻财产“AA 制”约定有效吗?

根据我国《民法典》的规定，夫妻之间可以约定婚姻关系存续期间所得财产以及婚前财产所有的方式，这种约定对双方具有约束力。但是,《民法典》第 1065 条明确规定:“……夫妻对婚姻关系存续期间所得的财产约定归各自所有，夫或者妻一方对外所负的债务，相对人知道该约定的，以夫或者妻一方的个人财产清偿。”所以，夫妻之间有关财产“AA 制”的约定对夫妻二人是有效的。但需要特别提醒的是，夫妻之间的财产约定协议具有对内和对外两方面的效力。

对内，只要该协议是夫妻自愿签订，不损害他人或公共利益、不违反法律、强制性法规等规定，一般都是有效的，协议对夫妻双方具有一定的约束力，未经另一方同意不得变更、撤销等。

对外，是指夫妻之间财产约定对第三人的效力，根据法律规定是以“第三人知道”为关键。第三人知道约定，则约定财产制对第三人有效，夫妻一方不需要对另一方的个人债务承担清偿责任；如果第三人不知道，夫妻任何一方不得以夫妻有约定拒绝承担另一方个人债务，应先以夫妻共同财产和个人财产对第三人清偿债务，夫妻中非债务人的一方可以依据双方之间的约定向另一方追偿。而关于第三人是否“知道”有此约定，则需该夫妻举证证明，这样的证据可以是夫妻一方与第三人签订合同时在合同中注明的内容，或者第三人出具的知道该约定的声明书等。因此，要想约定财产制对外有效，夫妻一定要告知第三人。

68. 夫妻一方借款后死亡，另一方是否应当偿还？

《婚姻法司法解释（二）》第 26 条规定，夫或妻一方死亡的，生存一方应当对婚姻关系存续期间的共同债务承担连带清偿责任。

夫妻一方借款后死亡，另一方是否应当偿还该债务，应视该债务的性质而定：

（1）该债务为婚姻关系存续期间所负的债务。若另一方能够证明与债权人明确约定该债务为个人债务，或者能够证明夫妻对婚姻关系存续期间所得的财产约定归各自所有且债权人知道该约定，该债务为个人的债务，应用个人财产偿还。否则，该债务为夫妻共同债务，另一方应对该共同债务承担连带清偿责任。

（2）该债务为借款一方婚前的个人债务。除债权人能够证明所负债务用于婚后家庭共同生活外，另一方不需承担该债务，应用借款人个人财产偿还。

另外，若另一方继承了死者即借款人的遗产，应在其继承的遗产范围内偿还死者所负的债务。

69. 无效婚姻中的财产应如何分配?

无效婚姻是自始无效且具有溯及力的，无效婚姻被宣告无效后，缔结无效婚姻当事人之间的婚姻关系自始不存在，其在无效婚姻存续期间共同获得的财产也不能视为夫妻共同财产，而只能按照共有的原则来处理。根据我国《民法典》第 1054 条的规定，“无效的或者被撤销的婚姻自始没有法律约束力，当事人不具有夫妻的权利和义务。同居期间所得的财产，由当事人协议处理；协议不成的，由人民法院根据照顾无过错方的原则判决”。同时，《婚姻法司法解释（一）》第 15 条也规定：“被宣告无效或被撤销的婚姻，当事人同居期间所得的财产，按共同共有处理。但有证据证明为当事人一方所有的除外。”

据此可知，婚姻被宣告为无效婚姻后，双方当事人之间的关系就为同居关系，已经不具备合法婚姻当事人之间的共同共有关系，同居期间所得的财产除有证据能够证明为一方当事人个人所有的外，其余的应当由当事人协商处理，协商不成的可以请求人民法院判决。婚姻关系通过法定程序被宣告无效或者被撤销后，当事人之间不具有夫妻关系，不适用《民法典》有关夫妻财产制度的规定。

无效婚姻或者被撤销的婚姻当事人同居期间并非婚姻关系存续期间，在此同居期间所得的财产，不能当然地被视为双方当事人共同所有，应当按照《民法典》中有关共有的一般规定处理。《民法典》第297条规定，不动产或者动产可以由两个以上组织、个人共有。共有分为按份共有和共同共有。按份共有人按照各自的份额，对共有财产分享权利，分担义务。共同共有人对共有财产享有权利，承担义务。按份共有财产的每个共有人有权要求将自己的份额分出或者转让，但在出售时，其他共有人在同等条件下，有优先购买的权利。

70. 如何理解夫妻之间相互扶养的义务？如果不履行此项义务要负法律责任吗？

我国《民法典》第1059条规定："夫妻有相互扶养的义务。需要扶养的一方，在另一方不履行扶养义务时，有要求其给付扶养费的权利。"夫妻之间的扶养义务是相互的，夫妻之间相互扶养的义务同时也意味着夫妻相互之间享有被扶养的权利。夫妻之间接受扶养的权利和履行扶养对方的义务是以夫妻合法身份关系的存在为前提条件的，这种扶养权利和义务始于婚姻缔结之日，消灭于婚姻终止之时。

如果双方当事人根本就没有结婚，或者双方当事人之间的婚姻被宣告无效或被撤销的，双方之间均不负有互相扶养的义务。夫妻之间的扶养义务，内容包括夫妻之间相互为对方提供经济上的供养和生活上的扶助等，以此维系婚姻家庭日常生活的正常进行。

夫妻一方不履行扶养义务时，需要扶养的一方有权要求对方给付扶养费，以维持其生活所必需。此外，夫妻一方不履行法定的扶养义务，情节恶劣，后果严重，致使需扶养的一方陷入生活无着的境地，从而构成遗弃罪的，在承担刑事法律责任时亦不免除其应当继续承担的扶养义务。

71. 夫妻无过错方有权向“小三”请求赔偿吗？

《民法典》第1091条规定：“有下列情形之一，导致离婚的，无过错方有权请求损害赔偿：（一）重婚；（二）与他人同居；（三）实施家庭暴力；（四）虐待、遗弃家庭成员；（五）有其他重大过错。”

“小三”即婚姻“第三者”并不是婚姻家庭关系的当事人，我国《民法典》对无过错方能否向婚姻“第三者”要求赔偿没有具体规定。因此，在离婚诉讼中无过错方只能向过错方要求损害赔偿，而不能向婚姻“第三者”要求赔偿。

第三章

CHAPTER 3

同居关系

72. 什么是同居关系？同居关系都是非法的吗？

“同居关系”属于婚姻家庭关系中的一种特殊存在状态，根据法律规定的精神，应该是指男女双方未办理结婚登记，对外又以夫妻名义共同生活、居住的关系。同居关系分为事实婚姻、非法同居、未婚同居以及被宣告无效和被撤销的婚姻等情况，不一定都属于非法行为。而同居关系，是指男女双方或一方有配偶未办理结婚登记，不以夫妻名义，持续、稳定地共同居住；或男女双方未办结婚登记而以夫妻名义共同生活，但不符合事实婚姻的法定条件的两性结合。

《婚姻法司法解释（二）》第1条规定，当事人请求解除同居关系的，人民法院不予受理。但当事人请求解除的同居关系属于“有配偶者与他人同居”的情形的，或者当事人解除同居的请求涉及财产分割及子女抚养纠纷的，人民法院应当依法审理。之所以如此规定，是因为“有配偶者与他人同居”属于婚姻法明令禁止的行为，如果当事人提起诉讼要求解除这一同居关系，人民法院当然应当受理，并依法解除同居关系。至于无婚姻关系的男女双方的同居关系，因不是法律保护的社会关系，当事人如果起诉仅仅要求解除同居关系，人民法院应当不予受理；如果当事人就同居期间的财产分割和子女抚养问题提起诉讼，人民法院应当受理。这是因为，当事人在同居期间形成的财产关系、子女抚养关系，属于法律保护的民事法律关系，人民法院应当依法给予保护。

73. 恋爱期间赠与的财产能否要求返还？

恋爱期间，因双方当事人不存在婚姻关系，因此赠与财产的行为只能适用《民法典》合同编的相关规定。根据《民法典》第657条的规定，赠与合同是赠与人将自己的财产无偿给予受赠人，受赠人表示接受赠与的合同。通常情况下，财产所有权的取得，不得违反法律规定。按照合同或者其他合法方式取得财产的，财产所有权从财产交付时转移，法律另有规定或者当事人另有约定的除外。男女双方在恋爱期间互送财物，所送财物从送给对方时起，对方就是该财物的所有者，一般不予返还。但是如果将赠与财产认定为“彩礼”，则根据《婚姻法司法解释（二）》第10条的规定，未办理结婚登记可以要求返还彩礼。

在司法实践中，双方的赠与是否附条件需要视实际情况而定。对婚前赠与的一般处理方法如下：自愿给付的财产，按照赠与处理，不返还；已经消费的财物一般不返还；为结婚做准备而交付对方占有的财产，应返还；借钱购买礼物送给对方、不返还可能造成对方生活困难的应当酌情返还。以结婚为目的互赠价值较大的物品应当返还。总而言之，一般情况下不返还，但在一些特定情况下应当返还。此外，对于男女双方互赠礼物的情况，一般应当适用民法赠与的一般规定处理：原则上不返还、在特定的情况下才可以返还。

恋爱期间，男女双方互送礼物是爱意的表现，但不是每次恋爱都能成就美满姻缘，因此需要对恋爱期间返还所赠财物的问题进行简要说明：第一，接受礼物的一方要清楚礼物的性质，对礼物是不是彩礼要有明确的认识。同时，涉及贵重物品时，需要慎重对待，尽量明确归属，注意保存证据。第二，送出礼物的一方如果确认礼物是彩礼，也要注意留存证据，以免人财两空。送礼尽量用银行转账等容易举证的方式，这样方便维护自身权益。

74. 未经登记而以夫妻名义一起生活的，如何解除彼此之间的关系？

未办理结婚登记而以夫妻名义在一起生活的男女，需要解除彼此之间的关系时，究竟以何种性质解除，从《婚姻法司法解释（一）》第5条可以探寻答案："未……办理结婚登记而以夫妻名义共同生活的男女，起诉到人民法院要求离婚的，应当区别对待……1994年2月1日民政部《婚姻登记管理条例》公布实施以后，男女双方符合结婚实质要件的，人民法院应当告知其在案件受理前补办结婚登记；未补办结婚登记的，按解除同居关系处理。"

也就是说，同居者如果在案件受理前补办了结婚登记，两人关系解除就按照离婚来处理。如果未补办结婚登记，法院就只能按解除同居关系来处理。

对于解除同居关系，《婚姻法司法解释（二）》第1条规定："当事人起诉请求解除同居关系的，人民法院不予受理。但当事人请求解除的同居关系，属于……'有配偶者与他人同居'的，人民法院应当受理并依法予以解除。当事人因同居期间财产分割或子女抚养纠纷提起诉讼的，人民法院应当受理。"

综上，法院一般不保护同居关系，同居期间一方起诉单纯请求解除同居关系的，人民法院依法不予受理，但当事人请求解除的同居关系属于"有配偶者与他人同居"的，人民法院应当受理并解除。而一般同居关系的财产分割或者子女抚养纠纷，人民法院应当受理。

75. 同居关系结束后，同居时获得的财产怎么分割？

同居通常指男女双方未办理结婚登记手续而居住在一起。现行法律法规对同居期间财产、债务应如何处理未作明确规定，司法实践中常涉及的法律文件是1989年发布的《最高人民法院关于人民法院审理未办理结婚登记而以夫妻名义同居生活案件的若干意见》，该文件对同居期间的财产的处理规定如下：第一，同居生活期间双方共同所得的收入和购置的财产，按一般共有财产处理。第二，照顾妇女、儿童利益的原则在处理同居财产纠纷时同样适用，考虑财产的实际情况和双方的过错程度，妥善分割。

同居关系结束后，分割共同财产的复杂程度不亚于离婚时的财产分割。但是由于本质上有区别，因此不能直接适用离婚制度的相关原则，如照顾无过错方、照顾女方、经济帮助、经济补偿、损害赔偿，这些最多依靠法官自由裁量。对于这类纠纷，根据有关法律文件，需要注意的问题主要有如下几个：

第一，单纯起诉解除同居关系，法院是不予受理的。根据《婚姻法司法解释（二）》第1条的规定，当事人起诉请求解除同居关系的，人民法院不予受理，但是涉及同居期间财产分割或者子女抚养问题的，人民法院应当受理。现实生活中，单纯起诉解除同居关系而被裁定不予受理的情况时常发生，此时如果一定要通过法律程序解决同居问题，建议提起财产或子女抚养等有关诉讼请求，这样法院才会受理。此外，起诉要求解除有配偶者与他人同居关系的，法院也会受理。

第二，在分割财产时要把同居双方共同财产与双方个人财产和其他家庭成员财产区别开来。双方有约定归各自所有的财产和法定归一方所有的财产，双方父母、两人子女、兄弟姐妹等家庭成员的财产都不能参与分割。

需要注意的是，同居关系中涉及房产的，有专门的法律规定。例如，《最高人民法院关于人民法院审理离婚案件处理财产分割问题的若干具体意见》第22条规定："属于事实婚姻的，其财产分割适用本意见。属于非法同居的，其财产分割按最高人民法院《关于人民法院审理未办结婚登记而以夫妻名义同居生活案件的若干意见》的有关规定处理。"《最高人民法院关于人民法院审理未办结婚登记而以夫妻名义同居生活案件的若干意见》第10条规定："解除非法同居关系时，同居生活期间双方共同所得的收入和购置的财产，按一般共有财产处理。同居生活前，一方自愿赠送给对方的财物可比照赠与关系处理；一方向另一方索取的财物，可参照最高人民法院〔84〕法办字第112号《关于贯彻执行民事政策法律若干问题的意见》第（18）条规定的精神处理。"

对于其他情形，则应当按照《民法典》第308条的规定处理，即共有人对共有的不动产或者动产没有约定为按份共有或者共同共有，或者约定不明确的，除共有人具有家庭关系等外，视为按份共有。因此，对于一般情况，应按照如下原则处理：同居期间的财产，能证明为个人的归个人所有；无法证明的，归双方按份共有，按出资额或等额确定份额。

76. 同居关系解除后，同居期间所生子女应该由谁抚养？

由于没有婚姻关系做基础，同居期间所生子女是非婚生子女，根据我国《民法典》第 1071 条的规定，非婚生子女享有与婚生子女同等的权利，任何组织或者个人不得加以危害和歧视。因此，应当适用与婚生子女相同的法律规定。不直接抚养非婚生子女的生父或生母，应当负担子女的生活费和教育费，直至子女能独立生活为止。因此，非婚生子女也享有受抚养权，同居双方不能因为同居关系解除而将孩子置之不理。我国法律保护儿童的利益，同居双方须担起抚养孩子的责任。

解除同居关系时，双方所生的非婚生子女，由哪一方抚养，应由双方协商，协商不成时，应根据子女的利益和双方的具体情况判决。哺乳期内的子女，原则上应由女方抚养；如男方条件好，女方同意，也可由男方抚养。父母双方对 8 岁以上的未成年子女随父或随母生活发生争执的，应征求子女本人的意见。一方将未成年的子女送他人收养，须征得另一方的同意。非婚生子女如果长期随一方生活，本着不改变儿童熟悉环境的态度，应继续由该方抚养为宜。

随着社会的进步和发展，越来越多的人认为同居关系是私人生活领域的事情，法律不应多加干涉，因此我国《民法典》规定，单纯起诉解除同居关系的，不予受理。现实生活中，提起诉讼的目的往往不只是解除同居关系，更多的是请求分割同居财产，确认孩子抚养权。在同居关系破裂后，一方抚养孩子，另一方消失无踪，抚养孩子的一方出于确认抚养权利的需要提起诉讼，这类诉讼法院是会受理的，在条件允许时，还会要求不抚养孩子的一方支付相关的抚养费用。而对于子女抚养权的确认和抚养费的确定等相关问题，可以具体参照《最高人民法院关于人民法院审理离婚案件处理子女抚养问题的若干具体意见》。

77. 同居期间女方怀孕，男方要求解除同居关系的行为是否合法？

由于同居关系并不是受法律保护的关系，同居关系的解除属于个人生活领域内的私事，同居期间女方怀孕男方要求解除同居关系的行为并不受法律约束，在某种程度上，道德和舆论在约束这种行为时起到的作用更大。

男女双方未办理合法登记结婚手续而共同生活的，其同居关系不能被作为合法婚姻关系对待。人民法院在受理解除同居案件时与审理离婚案件是有区别的。根据《民法典》第1082条的规定，女方在怀孕期间、分娩后一年内或者终止妊娠后六个月内，男方不得提出离婚；但是，女方提出离婚或者人民法院认为确有必要受理男方离婚请求的除外。由于同居关系和合法婚姻关系本质上的不同，《民法典》的前述规定不适用于解除同居关系的案件，婚姻关系的解除因女方怀孕、分娩会导致一定时间段内男方不能提出离婚，而同居关系的解除却并不是这样，同居关系是双方谁想解除就可以解除的。

随着社会的发展与进步，现在同居“试婚”的人越来越多。对于同居关系的解除，法律上根据不同情况，有不同的规定。

第一，如果是1994年2月1日民政部《婚姻登记管理条例》公布实施以前，男女双方以夫妻名义同居，这实质上已经符合结婚的实质要件，同居关系的解除按照事实婚姻处理，此时解除同居关系应按照离婚处理。在此时间之后同居的，不是事实婚姻，不能按离婚处理，《民法典》第1082条不能适用。

第二，1994年2月1日民政部《婚姻登记管理条例》公布实施以后，男女双方同居，符合结婚实质要件，如果在案件受理前补办了结婚登记，此时解除关系也按照离婚处理。

第三，1994年2月1日民政部《婚姻登记管理条例》公布实施以后，男女双方同居，在案件受理前仍未补办结婚登记的，也就是此处讨论的情形，要按照解除同居关系处理。

因此，同居关系的解除根据同居时间及是否补办登记手续的不同，法律规定也有所不同。由此可见，现行法律对同居关系的保护是非常有限的。再次提醒大家，同居关系毕竟不同于婚姻关系，在同居时双方要注意保护好自己的人身安全和财产安全。

78. 女方与有配偶者同居，其间怀孕，女方可以起诉解除非婚同居关系吗？孩子如何抚养？

情景再现

张阿花今年24岁，与男友李小明同居两年多，但双方一直没有登记结婚，因为李小明已经结婚了。可是，2016年夏天，张阿花怀孕了。张阿花提出要与李小明领结婚证时，李小明坚称自己不想要这个孩子。张阿花失望至极，便想解除与李小明的同居关系。张阿花能否起诉请求法院解除自己与李小明的同居关系？如果两人解除同居关系，孩子出生后，能否要求李小明承担抚养费？

法律分析

本案属于有配偶者与他人形成的同居关系。根据《婚姻法司法解释（二）》第 1 条第 1 款的规定，当事人起诉请求解除同居关系的，人民法院不予受理。但当事人请求解除的同居关系，属于“有配偶者与他人同居”的，人民法院应当受理并依法予以解除。本案中，张阿花与李小明之间的同居关系属于有配偶者与他人同居的情形，所以，张阿花可以向法院提出解除二人同居关系的请求。法院受理后，若查证属实，应作出解除同居关系的处理。

至于孩子的抚养费问题，可由双方协商解决，协商不成的，可参照我国《民法典》第 1071 条的规定处理，即非婚生子女享有与婚生子女同等的权利，任何组织或者个人不得加以危害和歧视。不直接抚养非婚生子女的生父或生母，应当负担子女的生活费和教育费，直至子女能独立生活为止。所以，孩子生下后，可以要求李小明负担孩子的生活费和教育费，直至孩子能独立生活为止。

79. 同居关系解除后，一方能否向另一方索赔？

我国《民法典》以及《婚姻法》和相关司法解释并未明确规定解除同居关系时，一方是否有权向另一方索赔。

从法理及立法原意来看，非婚同居的生活方式是男女双方当事人对自己生活状态的选择，法律不予强加干涉，因而一方在解除同居关系时，无权要求另一方给予赔偿。但双方当事人应当预见到这种生活方式背后所隐藏的巨大法律风险。从法律权利义务的角度来看，同居关系中的当事人与婚姻关系中的配偶存在很大的不同，同居中的一方很难能够如夫妻中的配偶一样得到法律的保护。

因此，法院一般不保护同居关系，在解除同居关系时，一方无权向另一方索赔。但这并不是绝对的，如果同居期间一方的其他权利受到侵害，如健康权、财产权等，当然可以向对方索赔，只不过此时的“索赔”并不同于上述的因解除同居关系而要求对方给予的赔偿。这通常要根据不同情况分别处理，如果涉及人身损害赔偿，需要参照《民法典》侵权责任编及相关司法解释主张权利；如果涉及财产问题，需要参照《民法典》合同编、物权编及相关司法解释主张权利。

80. 在同居期间流产的，分手时女方可以主张精神损害赔偿吗？

情景再现

林江波与李果儿大学期间就自由恋爱，毕业后就住在一起，同居期间李果儿意外怀孕。考虑到双方目前的经济情况，不适宜要孩子，林江波劝李果儿去医院做了人流手术。术后不久，两人因性格不合争吵不休，最后林江波提出分手。分手后，李果儿因人流手术引发妇科炎症，便找到林江波要求其支付医疗费，林江波以双方已经分手为由拒绝。李果儿一气之下，将林江波诉至法院，要求其赔偿自己的精神损害费。

法律分析

李果儿的诉求不能得到法院支持。关于精神损害赔偿问题，根据《最高人民法院关于确定民事侵权精神损害赔偿责任若干问题的解释》第1条规定，当事人可以因生命权、健康权、身体权、姓名权、肖像权、名誉权、荣誉权、人格尊严权、人身自由权等人格利益遭受非法侵害，要求侵害人给予精神损害赔偿。本案中，同居当事人双方都是完全民事行为能力人，应当明知发生性行为可能产生的后果，而怀孕是双方自愿发生性行为而产生的，因此怀孕的结果是双方的行为造成的，不应归咎于一人。所以，李果儿怀孕、流产以及流产后的疾病并非林江波一人的责任，更不是林江波对李果儿身体的侵害，因此不宜适用侵权责任法来确定人身损害赔偿。另外，虽说是林江波劝说李果儿去做人流手术，但其并无胁迫、逼迫等行为，李果儿也是同意的，也没有证据证明林江波对李果儿进行了其他非法侵害行为，因此，李果儿要求精神损害赔偿不能得到支持。

81. 同居期间一方的个人收入属于共同财产吗?

情景再现

胡江大学毕业后考上了大学所在城市的公务员，2013年在朋友的介绍下认识了某公司职员王女士。两人感情很好，很快就住到了一起。生活中二人不分你我，过得很开心。但是，随着胡江职位升高，应酬也多了起来，王女士担心胡江应酬多了，见识广了会看不上自己，便催促其与自己去领结婚证，可胡江认为自己正处在事业的高峰期，不想这么快成家。自此，二人心里产生了隔阂。后来，随着二人之间矛盾的加剧，胡江向王女士提出分手。王女士不同意，胡江便收拾东西，准备搬出二人共同的“家”。此时，胡江发现自己存折上的10万元存款只剩下5万元，便询问王女士。王女士告诉他：这是二人同居期间的共同财产，既然要分手，自己有权利分得一半。

法律分析

本案的焦点是同居期间取得的财产的归属问题。案例中，王女士认为自己与胡江同居生活，因此两人在同居期间的财产应视为共同财产。但是，根据《婚姻法司法解释（一）》第5条第2项的规定：自1994年2月1日起，符合结婚条件的男女，未经结婚登记而以夫妻名义同居生活的，不受法律保护。所以，王女士与胡江的同居生活，是不受法律保护的。另依据《最高人民法院关于人民法院审理未办结婚登记而以夫妻名义同居生活案件的若干意见》第10条的规定：“解除非法同居关系时，同居生活期间双方共同所得的收入和购置的财产，按一般共有财产处理……”即对同居期间二人的共同所得按一般共有财产原则处理，而对一方所得收入和购置的财产，在对方没有辅助性劳动和提供生活帮助的情况下应归一方个人所有。

虽然王女士与胡江共同生活，但其对胡江的个人所得未付出过劳动，不能认定为二人的共有财产。胡江的个人所得应按个人财产对待。因此，王女士私自取走胡江的5万元存款侵犯了胡江的财产权，依法应予以退还。同居期间双方共同所得收入和购置的财产为一般共有财产，而一方所得收入和购置的财产在对方没有辅助性劳动和提供生活帮助的情况下应归一方个人所有。因此，同居男女一定要谨慎对待各自的财物，因为同居关系不受法律保护。

82. 同居期间产生的一方名下债务，另一方是否需要连带偿还？

根据1989年11月公布的《最高人民法院关于人民法院审理未办结婚登记而以夫妻名义同居生活案件的若干意见》第11条

的规定，解除非法同居关系时，同居期间为共同生产、生活而形成的债权、债务，可按共同债权、债务处理。同居期间为共同生产、生活而形成的债务，是指双方为共同生活或为履行扶养、赡养义务以及一方或双方治疗疾病等需要所负的债务。在同居期间，借款人只要是为了同居双方共同利益而借款，目的是同居生活的需要并用于同居生活、生产经营的，不管是以双方名义还是以一方名义与他人建立的债务关系，均应视为同居期间的共同之债。

因此，同居期间，一方名下所负债务需要视情况而定，如果以单方名义向他人借款供双方共同使用，则为共同债务，双方需要连带偿还，反之，如果仅供自己一人生活、生产使用，则为个人债务，对方不需要负担债务。同居期间一方所负债务是否用于共同生产生活比较难以认定，如果能够提供工资收入证明、同居期间的部分花销凭证和知情人证言，以说明两人的收入水平和开支流向的相应证据，则有利于维护自身权益。

生活中，大部分人可能难以仔细地收集证据，然而相关纠纷发生的时候，在很大程度上就是打证据，证据越详尽，对己方就越有利。因此，在同居感情即将破裂时，如果有打官司的打算，最好注意收集相关证据。

另外，男女一方在同居前所负的债务，同居后与共同生产生活无关所负的债务可确认为个人债务，对于一方的个人债务，同居另一方无须负连带偿还责任。

83. 同居关系的一方能不能继承对方的遗产？

情景再现

王胜江和蒋丽华自由恋爱且真心相爱，两人向双方父母提出结婚，无奈遭到双方父母一致反对。为了躲避家人的干涉，2013年两人在外租房同居，没有办理结婚登记手续。同居期间，蒋丽华没有工作，王胜江负责所有的生活开销，同居期间所使用的家具、电器和其他生活用品也都是由王胜江置办的。两年后，王胜江因车祸意外离世，其父母和蒋丽华因财产发生纠纷。王胜江父母要求继承王胜江和蒋丽华共同生活期间所购置的财产，认为这些财产完全由王胜江的收入购买，双方又未办理结婚登记，不是夫妻，该财产应由他们继承。蒋丽华认为，两人虽未办理结婚登记，但以夫妻名义共同生活，属于事实婚姻，该财产应当作为夫妻共同财产依法分割，自己有权继承王胜江的财产。

法院经审理认为，王和蒋是在1994年2月1日《婚姻登记管理条例》颁布后，才开始以夫妻名义共同生活的，应该按照同居关系处理。双方在同居生活期间，王胜江用自己的收入所购置的财产应属其个人财产，王胜江的父母享有继承权，蒋丽华不享有继承权。

法律分析

同居关系中，两人可以对同居期间的共同财产加以分割，但一方对死亡一方的遗产没有继承权。根据我国《民法典》第1127条的规定，法定继承人包括：配偶、子女、父母、兄弟姐妹、祖父母、外祖父母。同居关系人不在此列，因此同居关系的一方不能继承对方的遗产。本案中，蒋丽华主张两人为事实婚姻关系这一说法不成立。根据2001年颁布的《婚姻法司法解释（一）》第5条的规定，1994年2月1日后未补办结婚登记的同居关系，不再按照事实婚姻处理。王、蒋两人同居始于2013年，不成立事实婚姻关系。

同居关系人之间虽然不是彼此的法定继承人，没有法定继承权，但是可以通过遗嘱的方式来取得对方财产。根据《民法典》第1133条第3款的规定，自然人可以立遗嘱将个人财产赠与国家、集体或者法定继承人以外的组织、个人。

84. 未办理结婚登记，能向法院提起离婚之诉吗？

情景再现

黄一星和何曼曼都是高中辍学就踏入社会，两人在打工的时候认识，后双方未办理结婚登记便回到黄一星老家同居生活在了一起。在日常生活中，两人一直以夫妻名义参与各种活动，亲朋好友也都以为两人已经结婚。后来，两人生育了一个儿子。为了更好地照顾儿子，何曼曼不再外出打工。后来，黄一星升职加薪，事业可谓顺风顺水。黄一星在工作期间认识了温柔可爱的林盼盼，两人很快建立了感情，并领取了结婚证。何曼曼知道后，以黄一星犯了重婚罪为由向法院起诉离婚。

法律分析

《民法典》第1049条规定，要求结婚的男女双方应当亲自到婚姻登记机关申请结婚登记。完成结婚登记，即确立婚姻关系。黄一星与何曼曼两人这种没有经过婚姻登记就在一起生活的是同居关系，在法律上被认定为事实婚姻。事实婚姻，通常定义为没有配偶的男女，未进行结婚登记，便以夫妻关系同居生活，群众也认为他们是夫妻关系的两性结合。事实婚姻中，男女已经具备了婚姻关系存续的实质要件，只是缺少了形式要件。发生纠纷时，我国法律对事实婚姻法律效力的认定是有区别的。从1994年2月1日起，没有进行登记而同居的男女双方符合结婚实质要件的，人民法院应当告知其在案件受理前补办结婚登记；未补办结婚登记的，按解除同居关系处理。故本案中，法院会受理何曼曼的诉求，但不是按离婚案件审理，而是按解除同居关系处理。

然而，需要注意的是，《婚姻法司法解释（二）》第1条规定：当事人起诉请求解除同居关系的，人民法院不予受理。也就是说，当事人单纯起诉请求解除同居关系，人民法院是不会受理的。难道本案中的何曼曼就是起诉到法院也不会被受理吗？

并不是，同一法条中还规定：但当事人请求解除的同居关系，属于《婚姻法》第3条、第32条、第46条（对应《民法典》第1042条、第1079条、第1091条，新法内容有所修改）规定的“有配偶者与他人同居”的，人民法院应当受理并依法予以解除。当事人因同居期间财产分割或者子女抚养纠纷提起诉讼的，人民法院应当受理。何曼曼就属于这种应当受理的情形。

因此，现实中同居的男女双方，达到法定结婚要件后，必须到婚姻登记机关补办结婚登记手续，以确保自己的合法权益免受损失。

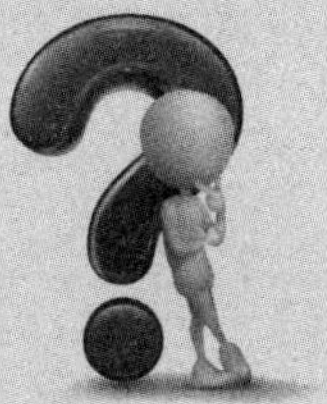

第四章

CHAPTER 4

离婚

85. 什么是离婚冷静期？

《民法典》第 1077 条规定，自婚姻登记机关收到离婚登记申请之日起 30 日内，任何一方不愿意离婚的，可以向婚姻登记机关撤回离婚登记申请。前款规定期限届满后 30 日内，双方应当亲自到婚姻登记机关申请发给离婚证；未申请的，视为撤回离婚登记申请。

随着 20 世纪八九十年代出生的独生子女进入婚恋期，夫妻都是独生子女的“双独婚姻”现象逐渐显现。“80 后”“90 后”的婚姻稳定度远低于平均水平，“闪婚”“闪离”的现象非常普遍。很多“80 后”“90 后”夫妻结婚仅 1 年左右，就因为锅碗瓢盆、油盐酱醋、家长里短等小事打得不可开交，直至闹离婚。“双独”婚姻家庭，夫妻双方都是独生子女，有时不够宽容，婚后双方又缺乏对婚姻磨合的耐心，因此，草率离婚越来越多。2003 年颁布的《婚姻登记条例》取消了审批期的规定，离婚手续简便、快捷，离婚夫妇当场就可拿到离婚证。不少冲动的夫妇晚上吵架，第二天早上离婚，到下午就后悔了。实践中，由于离婚登记手续过于简便，轻率离婚的现象增多，不利于家庭稳定。为此，《民法典》规定了一个月的离婚冷静期，在此期间，任何一方都可以向登记机关撤回离婚申请。

86. 离婚后，未办理复婚手续又以夫妻名义共同生活的，再到法院起诉离婚应如何处理？

《民法典》第1049条规定："要求结婚的男女双方应当亲自到婚姻登记机关申请结婚登记……"《婚姻登记条例》第14条规定："离婚的男女双方自愿恢复夫妻关系的，应当到婚姻登记管理机关办理复婚登记……"这说明男女双方履行婚姻登记是一种确认合法婚姻的必要程序。双方办理离婚手续后，原夫妻关系已不复存在。如果两人想重归于好，就必须按照婚姻法律法规的规定到婚姻登记管理机关办理婚姻登记手续，领取结婚证。如果未按规定办理复婚手续即私自同居生活，其婚姻关系不受法律保护。在此期间双方如果向法院起诉要求"离婚"也是不合法的。《最高人民法院关于人民法院审理未办结婚登记而以夫妻名义共同生活案件的若干意见》第4条规定："离婚后双方未再婚，未履行复婚登记手续，又以夫妻名义共同生活，一方起诉‘离婚’的，一般应解除其非法同居关系。”此外，在解除同居关系时，诸如非婚生子女抚养、财产分割或债权债务等事宜，人民法院应一并作出处理。

87. 离婚协议的效力是什么？

离婚协议是指决定解除婚姻关系的夫妻双方就离婚所涉及的各类事项，如子女抚养、共同财产分割等达成的协议。离婚协议必须为书面形式，由夫妻双方当事人签字，并经法院或婚姻登记管理部门认可，才会发生法律效力。根据最新《婚姻登记条例》的规定，办理离婚手续的男女双方必须出具双方共同签署的离婚协议书。因此，离婚协议只是办理离婚登记时需要的基础性文件之一，并非一经签署即具有法律上离婚的效力。

按照我国相关法律及既往司法解释的规定，夫妻双方签署离婚协议后，并没有产生法律意义上的离婚效力，虽然双方各自开始了新的生活，但是双方还是法律意义上的夫妻关系。我国《民法典》第1076条规定，夫妻双方自愿离婚的，应当签订书面离婚协议，并亲自到婚姻登记机关申请离婚登记。离婚协议应当载明双方自愿离婚的意思表示和对子女抚养、财产以及债务处理等事项协商一致的意见。据此，夫妻双方虽然就离婚的事实达成了协议，但是要从法律意义上真正地离婚，双方必须到民政部门办理离婚登记，经审查取得离婚证以后，才是真正法律意义上的离婚。

88. 遭受家庭暴力向法院起诉离婚，会被法院支持吗?

我国《民法典》第1042条明确规定，禁止家庭暴力。

《民法典》第1079条第2款规定，人民法院审理离婚案件，应当进行调解；如果感情确已破裂，调解无效的，应当准予离婚。由此可以看出，离婚要得到法院的支持，前提条件是“夫妻感情确已破裂”。而该条同时规定了夫妻感情确已破裂的5种情形：（1）重婚或与他人同居；（2）实施家庭暴力或者虐待、遗弃家庭成员；（3）有赌博、吸毒等恶习屡教不改；（4）因感情不和分居满二年；（5）其他导致夫妻感情破裂的情形。由此可知，遭受家庭暴力属于“夫妻感情确已破裂”的情形，起诉到法院会得到法院的支持，但前提是要有相应的证据予以证明。

被施加家庭暴力者在受到严重伤害时，一定要注意收集如下证据：被打伤的照片；医院的诊断证明、伤情鉴定；邻居、熟人或居委会等知晓情况的人予以佐证。若对方不承认感情破裂，向法院举出这些证据能够与之对抗，从而促使法院判决双方离婚，使家庭暴力受害者脱离痛苦的婚姻关系。

89. 老公在外“包二奶”，妻子向法院起诉离婚会被法院支持吗？

在我国，离婚案件在人民法院审理过程中，一般都会先经由调解程序，如感情确已破裂，调解无效，人民法院才会判决准许离婚。“包二奶”属于我国《民法典》第 1079 条第 3 款第 1 项规定的“重婚或者与他人同居”的情形，因为男方“包二奶”向人民法院起诉离婚，人民法院依法会进行调解，若调解无效，人民法院会判决准许双方离婚。

夫妻双方应当相互忠实、相互尊重，“包二奶”虽然不被法律所绝对禁止，但是违背了夫妻间的忠诚义务，是有违善良风俗的行为。

90. 夫妻一方有赌博、吸毒等恶习屡教不改的，另一方提出离婚会被支持吗？

根据我国《民法典》第 1079 条第 3 款第 3 项的规定，“有赌博、吸毒等恶习屡教不改”的情形，可认定“夫妻感情确已破裂”，经调解无效，应当准予离婚。除此之外，若夫妻一方重婚或有配偶而与他人同居，对另一方实施家庭暴力，感情不和分居满二年等情形，人民法院在调解无效情况下，无特殊情况，一般也都会判决准许离婚。

91. 夫妻一方下落不明的，另一方可以提出离婚吗？

情景再现

李文和阿华已经结婚几年了。一天，家里来了一个不速之客，是一个差不多4岁的孩子。原来这个孩子是阿华与前女友所生，前女友现在生计困难，无法养育孩子。为了弥补自己的过失并尽到做父亲的责任，阿华把孩子接回家来，与李文共同抚养。李文为此伤心欲绝，向阿华提出离婚，但阿华坚决不同意。希望换换心情的李文便外出旅游散心，不幸遇到暴风雨，从此下落不明，后李文的父母向人民法院提出宣告李文失踪获得准许。为了继续更好地生活，阿华向法院起诉请求解除与李文的夫妻关系。

法律分析

我国《民法典》第1079条第4款规定："一方被宣告失踪，另一方提起离婚诉讼的，应当准予离婚。"《最高人民法院关于人民法院审理离婚案件如何认定夫妻感情确已破裂的若干具体意见》规定："人民法院审理离婚案件，准予或不准离婚应以夫妻感情是否破裂作为区分的界限。判断夫妻感情是否确已破裂，应当从婚姻基础、婚后感情、离婚原因、夫妻关系的现状和有无和好的可能等方面综合分析。根据婚姻法的有关规定和审判实践经验，凡属下列情形之一的，视为夫妻感情确已破裂。一方坚决要求离婚，经调解无效，可依法判决准予离婚。……一方下落不明满2年，对方起诉离婚，经公告查找确无下落的。……”

可见，根据法律及前述司法实践经验，夫妻一方如果下落不明，已经被依法宣告失踪或者下落不明满2年，经公告查找确无下落，另一方此时提出诉讼离婚，于法有据，理应得到支持。

92. 起诉离婚的话，应当向哪个人民法院提起诉讼？

根据《民事诉讼法》和《最高人民法院关于适用〈中华人民共和国民事诉讼法〉的解释》（以下简称《民诉法解释》）的规定，离婚案件的管辖主要分为以下几种情况：

1. 由被告住所地或者经常居住地人民法院管辖

（1）《民事诉讼法》第21条第1款规定：“对公民提起的民事诉讼，由被告住所地人民法院管辖；被告住所地与经常居住地不一致的，由经常居住地人民法院管辖。”该条法律规定了民事案件确定管辖法院的一般原则，即原告就被告原则。《民诉法解释》第12条规定：“……夫妻双方离开住所地超过一年，一方起诉离婚的案件，由被告经常居住地人民法院管辖；没有经常居住地的，由原告起诉时被告居住地人民法院管辖。”

（2）《民诉法解释》第3条规定：“公民的住所地是指公民的户籍所在地……”第4条规定：“公民的经常居住地是指公民离开住所地至起诉时已连续居住一年以上的地方，但公民住院就医的地方除外。”根据上述司法解释的规定，在被告有经常居住地时，经常居住地的法院优先于住所地的法院管辖。但实践中，在没有证据证明被告的经常居住地时，只能向被告住所地法院起诉。

2. 由原告住所地或者经常居住地人民法院管辖

（1）《民诉法解释》第12条规定：“夫妻一方离开住所地超过一年，另一方起诉离婚的案件，可以由原告住所地人民法院管辖……”《民诉法解释》增加了“可以”一词，意味着放宽了此类案件的管辖权，便于起诉离婚。

（2）《民事诉讼法》第22条规定：“下列民事诉讼，由原告住所地人民法院管辖；原告住所地与经常居住地不一致的，由原告经常居住地人民法院管辖：（一）对不在中华人民共和国领域内居住的人提起的有关身份关系的诉讼；（二）对下落不明或者宣告失踪的人提起的有关身份关系的诉讼；（三）对被采取强制性教育措施的人提起的诉讼；（四）对被监禁的人提起的诉讼。”

3. 特殊情况下的管辖

《民诉法解释》第6条规定，被告被注销户籍的，依照《民事诉讼法》第22条规定确定管辖（即由原告住所地人民法院管辖；原告住所地与经常居住地不一致的，由原告经常居住地人民法院管辖）；原告、被告均被注销户籍的，由被告居住地人民法院管辖。第7条规定，当事人的户籍迁出后尚未落户，有经常居住地的，由该地人民法院管辖；没有经常居住地的，由其原户籍所在地人民法院管辖。第8条规定，双方当事人都被监禁或者被采取强制性教育措施的，由被告原住所地人民法院管辖。被告被监禁或者被采取强制性教育措施一年以上的，由被告被监禁地或者被采取强制性教育措施地人民法院管辖。

4. 关于军婚离婚案件的管辖法院

《民诉法解释》第11条规定："双方当事人均为军人或者军队单位的民事案件由军事法院管辖。"

5. 通过书面协议约定管辖法院

《民诉法解释》第34条规定：当事人因同居或者在解除婚姻、收养关系后发生财产争议，约定管辖的，可以适用《民事诉讼法》第34条规定确定管辖。《民事诉讼法》第34条规定：合同或者其他财产权益纠纷的当事人可以书面协议选择被告住所地、合同履行地、合同签订地、原告住所地、标的物所在地等与争议有实际联系的地点的人民法院管辖，但不得违反本法对级别管辖和专属管辖的规定。由此可知，因同居发生的财产争议，或者在解除婚姻关系后发生的财产争议，可以书面协议选择被告住所地、合同履行地、合同签订地、原告住所地、标的物所在地等与争议有实际联系的地点的人民法院管辖，但不得违反《民事诉讼法》对级别管辖和专属管辖的规定。

93. 女方怀孕期间、分娩后一年或者终止妊娠后六个月内，男方可以提出离婚吗？

根据《民法典》第 1082 条的规定，女方在怀孕期间、分娩后一年内或者终止妊娠后六个月内，男方不得提出离婚；但是，女方提出离婚或者人民法院认为确有必要受理男方离婚请求的除外。因此，一般情况下，女方在怀孕期间，男方是不得提出离婚的。根据此条规定，不仅女方在怀孕期间，就是女方在生下孩子后一年内或者女方遭遇意外终止妊娠后的六个月内，男方都不得提出离婚。法律之所以这样规定，主要是体现了在特定期间内对妇女、胎儿和婴儿的保护。在上述期间内，妇女的身心都处于比较虚弱的状态，在此期间内男方提出离婚，对女方的身心健康和胎儿、婴儿的健康都将产生极为不利的影响。

但是在一些特殊情况下，为了平等保护夫妻双方的权利，法院是允许男方提出离婚的。人民法院认为确有必要受理男方离婚请求的，主要包括以下几种：（1）女方怀孕系婚后与他人通奸所致；（2）女方小产后，身体健康已恢复；（3）男方受虐待，不堪忍受的；（4）一方对他方有危害生命、人身安全等情形的。因此，出现前述几种情况且证据充分，男方在女方分娩后一年内或终止妊娠后六个月内提出离婚的，法院应当予以受理。

94. 离婚后又以夫妻名义生活在一起，就算是自动复婚了吗？

情景再现

孙伟和周丽是大学同学，毕业之后没多久就结婚了。后孙伟和本单位新进员工张霞通过工作协作，彼此擦出了火花，孙伟便背着周丽开始了与张霞的同居生活。由于孙伟出轨后很少回家，便引起了周丽的注意，周丽得知孙伟和张霞同居的情况后，向孙伟提出离婚，双方便签订离婚协议书并向民政部门登记离婚。离婚后不久，孙伟发现张霞有了新的男朋友。原来，张霞当初与孙伟在一起，是因为初来这个城市工作无依无靠，想从孙伟身上得到一些安全感，后来才发现自己真正爱的不是孙伟，便离孙伟而去。后孙伟偶然又与周丽相遇，得知彼此都是单身。两人多次见面后，觉得彼此还是很适合在一起的，于是两人便又开始共同生活，并有了孩子，但是双方并未办理复婚手续。

法律分析

根据我国《民法典》第1083条的规定，离婚后，男女双方自愿恢复婚姻关系的，应当到婚姻登记机关重新进行结婚登记。因此，双方必须到婚姻登记机关进行复婚登记，才能享有合法的夫妻关系地位。本案中，孙伟和周丽虽然原来是合法夫妻，但是已经依法办理了离婚登记手续，合法的夫妻关系已经终结。后两人虽自愿复合，但是在法律上，两人并非当然地恢复为合法夫妻，因为法律明文规定，复婚必须到婚姻登记机关进行复婚登记。不管是结婚、离婚还是复婚，都必须进行法定程序确认后，才能获得相应的合法地位。

95. 离婚时，一方付出较多义务的，是否有权向另一方请求补偿?

情景再现

小春和小刚经过友人安排相亲后结婚。可是结婚后不久，双方便矛盾重重，小春除了自己的工作之外，还要处理家里的大事小事，小刚基本都不管。小刚工作不积极，收入比小春低很多，工作情绪不佳的时候还会对小春大打出手。小春觉得这样的婚姻没有什么值得留恋的，趁还没有孩子，便提出了离婚。同时，小春认为自己尽到了更多的义务，造成离婚很大的原因是小刚不顾家所致，要求小刚予以补偿。

法律分析

我国《民法典》规定了离婚时对财产进行分割的四项原则——照顾原则、补偿原则、赔偿原则和帮助原则。一般情况下，夫妻离婚时只能适用照顾、帮助或赔偿原则，即使尽到较多义务也没有请求补偿的权利，只有在书面约定婚姻关系存续期间各自所得财产归各自所有时，才适用补偿原则。

落实到具体的法律文件，我们可以看《民法典》第1088条的规定：夫妻一方因抚育子女、照料老年人、协助另一方工作等负担较多义务的，离婚时有权向另一方请求补偿，另一方应当给予补偿。具体办法由双方协议；协议不成的，由人民法院判决。这实际上认可了家务劳动及照顾家庭付出的价值，从而保障了奉献方的利益。但是这种补偿的请求必须满足以下两个条件：（1）提出请求者在婚姻关系存续期间为抚育子女、照顾老人、协助另一方付出较多；（2）对“家庭补偿”的请求只有在离婚时提出，才能得到法院的支持，离婚后，双方就没有相互帮扶的义务了。

96. 离婚时，如一方生活困难，另一方是否应当给予适当帮助？

根据我国《民法典》第1090条之规定，离婚时，如果一方生活困难，另一方应从其住房等个人财产中给予适当帮助。夫妻关系存续期间，其互相扶养的义务是无条件的。但是夫妻离婚时，二人的人身关系和权利义务关系随离婚而消失，一方对另一方提供经济帮助是有条件的，通常是“一方生活困难”的情况。所谓“一方生活困难”，是指依靠个人财产和离婚时分得的财产无法维持当地基本生活水平。一方离婚后没有住处的，也属于生活困难。离婚时，一方以个人财产中的住房对生活困难者进行帮助，提供的可以是房屋的居住权或者所有权。

在现实生活中，由于各种原因，夫妻双方之间的经济收入会有一定的差距。通常是女方收入低于男方，因此，离婚时，生活困难的一方通常是女方。法律基于双方的收入状况，规定一方给予另一方适当的经济帮助，有利于消除经济较弱且生活困难一方在离婚问题上的顾虑，有利于保障离婚自由，同时也有利于防止离婚后造成不良的社会影响。

97. 哪些情形下导致离婚的，无过错方有权请求损害赔偿？

根据《民法典》第1091条的规定，在重婚，与他人同居，实施家庭暴力，虐待、遗弃家庭成员，有其他重大过错的情形下，无过错方有权请求损害赔偿。

离婚的损害赔偿，是指因夫妻一方有特定侵权行为导致离婚，另一方当事人有权依法请求的损害赔偿。该损害赔偿包括物质损害赔偿和精神损害赔偿。物质损害赔偿是对无过错方当事人所遭受的财产损失的补偿；精神损害赔偿具有抚慰离婚中无过错当事人一方精神痛苦的功能，并最终实现保护合法婚姻关系、保障无过错配偶合法权益的目的。涉及精神损害赔偿的，适用《最高人民法院关于确定民事侵权精神损害赔偿责任若干问题的解释》的有关规定；承担损害赔偿责任的主体，为离婚诉讼当事人中无过错方的配偶；人民法院判决不准离婚的案件，对当事人的损害赔偿请求不予支持；在婚姻关系存续期间，当事人不起诉离婚而单独提起损害赔偿请求的，人民法院不予受理；无过错方作为原告向人民法院提起损害赔偿的，必须在离婚诉讼的同时提出；无过错方作为被告的离婚诉讼案件，如果被告不同意离婚也没有提起损害赔偿请求，可以在离婚后一年内单独提起损害赔偿诉讼。

98. 夫妻之间订立的借款协议，离婚时有效吗？

情景再现

小娟和小奇结婚之初，日子还算美满。但时间长了，两人的矛盾越来越明显。后两人虽然萌生离婚的念头，且认真探讨过这个问题，但对财产如何分一直无法达成一致意见。无奈之下，双方诉至法院请求法院解除婚姻关系并对共同财产进行分割。在法院审理案件过程中，小娟指出，小奇在夫妻关系存续期间做投资等的大部分钱都是向自己借的，为此双方还订立了借款协议。小娟提出，法院应依据借款协议判令小奇将协议约定的借款都如数归还。

法律分析

《婚姻法司法解释（三）》第16条规定："夫妻之间订立借款协议，以夫妻共同财产出借给一方从事个人经营活动或用于其他个人事务的，应视为双方约定处分夫妻共同财产的行为，离婚时可按照借款协议的约定处理。""可按照借款协议的约定处理"必须满足以下条件：（1）协议订立的时间是婚姻存续期间。（2）借款的目的是用于借款方从事个人经营活动或用于个人事务。（3）以夫妻共同财产的名义出借。（4）离婚时，这笔借款的处理按照协议中约定的方式进行处理。

所以，本案中，小奇在夫妻关系存续期间，与小娟订立借款协议，并将借款实际用于投资，应当按照双方签订的借款协议中的具体约定如数归还。

99. 婚前财产在婚后拆迁，因拆迁而安置的房屋归夫妻共有吗？

依据《民法典》第 1063 条第 1 项规定，一方的婚前财产为夫妻一方的个人财产。根据《婚姻法司法解释（一）》第 19 条的规定，夫妻一方所有的财产，不因婚姻关系的延续而转化为夫妻共同财产，但当事人另有约定的除外。由此可知，因拆迁婚前的房屋而获得的安置房，从该房屋的来源、演变过程以及出资情况来看，均为夫妻一方婚前取得，因此属于夫妻一方个人财产。

从中我们也可以看出，婚后所得的一切财产都归夫妻共有是错误的认识。婚后财产归夫妻共有是有条件的，确定婚后财产的归属要看来源，看人身关系，看是否为共同劳动成果。婚后获得的安置房，是对个人的补偿，来源于婚前财产，并非夫妻共同劳动所得。因此，按《民法典》第 1063 条第 5 项规定应归一方所有。如果因公民婚前个人房屋婚后被拆迁，夫妻即对房屋补偿共同享受权利，将明显剥夺一方的财产权益，不符合民法的公平原则，也违背了《民法典》规定一方的婚前财产是个人财产的立法目的。

100. 协议离婚后一方对财产分割问题反悔向法院起诉的，法院会如何处理？

情景再现

张倩和李华结婚后，依然保持很高的工作强度。张倩一直坚持自己做女强人的梦想，李华则希望能拥有温馨的家庭。两人经常小吵小闹，后矛盾升级，双方都各自对这段婚姻失去了信心，协议离婚并办理了手续。分割夫妻共同财产的时候，张倩觉得自己不需要依靠男人而活，遂多半财产分给了男方。离婚后不久，张倩工作发生变故，失去了稳定收入，对离婚时的财产分割方案反悔，起诉到人民法院。

法律分析

《婚姻法司法解释（二）》第9条规定，男女双方协议离婚后一年内就财产分割问题反悔，请求变更或者撤销财产分割协议的，人民法院应当受理。但是，就此类问题，人民法院审理后，未发现订立财产分割协议时存在欺诈、胁迫等情形的，应当依法驳回当事人的诉讼请求。

婚姻是一件严肃的事情，结婚之前要考虑清楚，离婚之前也要思量再三。即便是夫妻感情真的确已破裂无和好之可能，对于子女抚养、共同财产等问题也要思前想后综合考虑后作出决定。本案中，夫妻双方在离婚时，将多半财产分给李华是张倩自愿的行为，订立财产分割协议时李华并没有任何欺诈、胁迫张倩的行为。离婚后张倩因个人经济收入变故，反悔离婚时的分割方案，重新分割财产的请求于法无据，不能得到法院的支持。

101. 夫妻分居满两年，一方提出离婚，另一方不同意该怎么处理？

根据《民法典》第1079条的规定，有下列情形之一，调解无效的，应准予离婚：（1）重婚或与他人同居；（2）实施家庭暴力或虐待、遗弃家庭成员；（3）有赌博、吸毒等恶习屡教不改；（4）因感情不和分居满二年的；（5）其他导致夫妻感情破裂的情形。分居满二年属于第四种情形，即使一方坚决不同意离婚，法院综合认定以后，确认夫妻感情确已破裂且调解无效的，会直接判决双方解除婚姻关系。

在我国，离婚案件在人民法院审理过程中，一般都会先经由调解程序，如感情确已破裂，调解无效，人民法院才会判决准许离婚。

102. 离婚时一方隐藏、转移共同财产，另一方在离婚后发现的该怎么办？

《民法典》第1092条规定，离婚时，一方隐藏、转移、变卖、毁损夫妻共同财产，或伪造债务企图侵占另一方财产的，分割夫妻共同财产时，对隐藏、转移、变卖、毁损夫妻共同财产或伪造债务的一方，可以少分或不分。离婚后，另一方发现有上述行为的，可以向人民法院提起诉讼，请求再次分割夫妻共同财产。人民法院对前款规定的妨害民事诉讼的行为，依照《民事诉讼法》的规定予以制裁。

在司法实践中，分割夫妻共同财产只能以诉讼当时已经查明的财产为准，有的当事人在萌生离婚之意时就有可能先下手蓄意将夫妻共同财产予以隐匿、转移、变卖等，而从离婚诉讼中获得不正当利益。在这种情况下，另一方当事人可以请求人民法院按照如下方式处理：

（1）如果是在离婚诉讼中发现对方有隐藏、转移、变卖、毁损夫妻共同财产或伪造债务的行为，一经认定，在分割夫妻共同财产时可以少分或者不分。

（2）如果一方在起诉离婚时就夫妻共同财产向法院申请了财产保全，法院也作出了财产保全的裁定，同时对夫妻共同财产进行了查封、扣押或财产已被清点并责令其保管，而另一方仍然实施隐藏、转移、变卖、毁损的行为，人民法院这时可以根据情节轻重予以罚款、拘留；构成犯罪的，依法追究刑事责任。

（3）如果是在离婚以后另一方发现一方有上述行为，可以向人民法院提起诉讼，请求再次分割夫妻共同财产，诉讼时效为两年，从一方当事人发现对方隐藏、转移共同财产等行为之次日起计算。

103. 结婚之前父母赠与的房产，离婚时如何分割？

婚前财产是指在结婚前夫妻一方就已经取得的财产。婚前父母赠与的房产，如果没有过户，则房子的产权没有进行变更，属于原产权人。离婚时属于原产权人的话，不参与离婚财产的分割。如果已经过户，则属于过户后的产权人，属于过户后的产权人的个人财产，离婚时也不予分割。因此，房产赠与，公证与否都不能改变房子的产权，正确的做法就是将房产进行过户，过户到自己的名下才可以保证房子的产权，保证赠与合同的有效性。

104. 夫妻协议离婚并领取离婚证后，一方反悔的可否向法院起诉？

这里的反悔，分为多种情况，需视具体情况处理。

如果男女双方自愿离婚，并对子女和财产问题已有适当的处理，在婚姻登记机关办理了离婚登记，领取了《离婚证》，其婚姻关系即正式解除。一方反悔，向人民法院提起诉讼的，人民法院不予受理。当然，如果双方愿意，可以办理复婚手续。

如果协议离婚后，当事人对财产问题反悔，可以在协议离婚后一年内向法院起诉，请求变更或者撤销财产分割协议。但是只有在签订《离婚协议书》时存在欺诈、胁迫等情形的，法院才会依法判决变更或撤销原财产分割协议，否则将会判决驳回诉讼请求，对原告的要求不予支持。

如果对《离婚协议书》没有约定的事项反悔，如探视时间、子女姓氏等，可以向法院起诉，提出自己的诉讼请求，人民法院会依据法律作出判决。

如果离婚后，一方发现另一方有隐藏、转移、变卖、毁损夫妻共同财产，或伪造债务企图侵占另一方财产的行为，可以向人民法院提起诉讼，请求再次分割夫妻共同财产。该起诉的权利只能在发现上述行为之日起两年内行使。

105. 夫妻双方因假离婚发生争议的，如何处理？

假离婚是婚姻当事人双方为了达到共同的或各自的目的，约定暂时离婚，待既定目的实现后再复婚的离婚行为。双方因假离婚而发生纠纷，一方向法院起诉，要求撤销离婚登记或确认双方的婚姻关系的，法院不会受理，并会告知当事人向原婚姻登记机关申请解决。

对于假离婚，婚姻登记机关原则上会承认其离婚的效力。因此，因假离婚而弄假成真的，一般是维持已离婚的事实效力，即使假离婚后，一方已与他人再婚，亦应承认再婚的法律效力。

因假离婚成真而形成的财产分割和子女抚养纠纷，则根据民法和婚姻法的有关规定来协商处理，协商不成的，可通过诉讼解决。

106. 法律认定夫妻感情确已破裂的情形有哪些？

《民法典》第 1079 条规定了 5 种夫妻感情确已破裂的情形：（1）重婚或有配偶者与他人同居的；（2）实施家庭暴力或虐待、遗弃家庭成员的；（3）有赌博、吸毒等恶习屡教不改的；（4）因感情不和分居满二年的；（5）其他导致夫妻感情破裂的情形。一方被宣告失踪，另一方提出离婚诉讼的，应准予离婚。

针对“其他导致夫妻感情破裂的情形”,《最高人民法院关于人民法院审理离婚案件如何认定夫妻感情确已破裂的若干具体意见》列举了14种情形:(1)一方患有法定禁止结婚疾病的,或一方有生理缺陷,或其他原因不能发生性行为,且难以治愈的。(2)婚前缺乏了解,草率结婚,婚后未建立起夫妻感情,难以共同生活的。(3)婚前隐瞒了精神病,婚后经治不愈,或者婚前知道对方患有精神病而与其结婚,或一方在夫妻共同生活期间患精神病,久治不愈的。(4)一方欺骗对方,或者在结婚登记时弄虚作假,骗取《结婚证》的。(5)双方办理结婚登记后,未同居生活,无和好可能的。(6)包办、买卖婚姻,婚后一方随即提出离婚,或者虽共同生活多年,但确未建立起夫妻感情的。(7)因感情不和分居已满3年,确无和好可能的,或者经人民法院判决不准离婚后又分居满1年,互不履行夫妻义务的。(8)一方与他人通奸、非法同居,经教育仍无悔改表现,无过错一方起诉离婚,或者过错方起诉离婚,对方不同意离婚,经批评教育,处分,或在人民法院判决不准离婚后,过错方又起诉离婚,确无和好可能的。(9)一方重婚,对方提出离婚的。(10)一方好逸恶劳、有赌博等恶习,不履行家庭义务、屡教不改,夫妻难以共同生活的。(11)一方被依法判处长期徒刑,或其违法、犯罪行为严重伤害夫妻感情的。(12)一方下落不明满2年,对方起诉离婚,经公告查找确无下落的。(13)受对方的虐待、遗弃，或者受对方亲属虐待，或虐待对方亲属，经教育不改，另一方不谅解的。（14）因其他原因导致夫妻感情确已破裂的。

107. 双方或一方户口不在本地的，应当向哪个法院起诉离婚？

《婚姻登记条例》第10条规定，离婚必须由男女双方共同到一方当事人常住户口所在地登记离婚，因此离婚只能在其中一方户口所在地办理离婚登记。协议离婚的男女双方应当共同到一方当事人户口所在地的婚姻登记机关办理离婚登记；诉讼离婚的双方，根据《民事诉讼法》及相关司法解释，即使户口不在本地，只要经常居住地在本地，本地人民法院即具有管辖权。总而言之，户口所在地对自愿离婚具有较大影响，但是对诉讼离婚的影响并不大。

此外，还需要注意法律的特殊规定。根据《民诉法解释》第12条的规定，夫妻一方离开住所地超过一年，另一方起诉离婚的案件，可以由原告住所地人民法院管辖；夫妻双方离开住所地超过一年，一方起诉离婚的案件，由被告经常居住地人民法院管辖；没有经常居住地的，由原告起诉时被告居住地人民法院管辖。在诉讼离婚时，为了避免不必要的时间和精力的耗费，应当按照法律的规定向有管辖权的法院提出诉讼请求，以实现最大限度地维护自己的合法权益。

108. 夫妻一方或双方为军人的，离婚有什么特殊法律规定？

《民法典》第1081条规定，现役军人的配偶要求离婚，应当征得军人同意，但军人一方有重大过错的除外。根据《婚姻法司法解释（一）》的规定，“军人一方有重大过错”，可以依据《婚姻法》第32条第3款前3项规定及军人有其他重大过错导致夫妻感情破裂的情形予以判断。《民法典》第1079条对《婚姻法》第32条有所修改，相关的规定具体为：重婚或者与他人同居；实施家庭暴力或者虐待、遗弃家庭成员；有赌博、吸毒等恶习屡教不改。

结合军队实际，总政治部于2001年11月颁布了《军队贯彻实施〈婚姻法〉若干问题的规定》，对军人离婚的要求和程序作了规范，明确规定，现役军人离婚，应当严肃谨慎，不得违反国家法律和军队纪律，不违背社会公德；现役军人申请离婚的审批程序、权限与申请结婚的相同。团级以上单位政治机关出具同意离婚的证明时，应要求离婚双方签字或提供本人书面意见。除此以外，军人离婚的审查、登记等程序与一般离婚相同，均适用2003年10月1日起施行的《婚姻登记条例》的有关规定。

109. 婚姻中一方是港澳台地区居民的，起诉离婚时应该由哪个法院管辖？

涉港澳台离婚诉讼案件不属于涉外案件，任何一方当事人均可以根据《民法典》《民事诉讼法》的规定向有管辖权的人民法院起诉要求离婚。按照《民事诉讼法》级别管辖的规定，司法实践中，涉港澳台离婚案件多数由被告或原告住所地（或者经常居住地）基层人民法院管辖受理。

港澳台居民与内地居民结婚，要求离婚的，管辖的法院分为以下几种情况：

（1）双方原在中国内地结婚，现一方居住在香港、澳门特别行政区，另一方居住在内地，居住在内地的一方提起离婚诉讼的，由原告住所地或者经常居住地人民法院管辖；居住在香港、澳门的一方向香港、澳门特区法院提起离婚诉讼，内地一方向住所地或者经常居住地人民法院起诉的，受诉人民法院有权管辖。

（2）居住在香港、澳门一方当事人向香港、澳门特区法院起诉离婚的，该法院作出离婚的判决，只要不违反我国法律的基本精神，且双方当事人均无异议的，该判决对双方均有拘束力；如该判决要在内地执行，须由香港、澳门特区法院按《民事诉讼法》的有关规定，委托内地人民法院协助执行。

（3）涉台离婚案件的管辖，当事人可以根据《民事诉讼法》的规定确定管辖。下列三类案件，应由原告住所地或者经常居住地人民法院管辖：一是大陆一方要求与在台湾一方离婚的案件；二是大陆一方与在台一方分离后未办理离婚手续，一方或者双方分别在大陆和台湾再婚的，如果其中一方当事人（大陆一方）提出与原配偶离婚的案件；三是回大陆定居一方要求与在台一方离婚的案件。

110. 婚姻一方是外国人的，离婚时应该怎么办？

婚姻一方是外国人的离婚案件，有下列几种情况，我国法院具有管辖权：（1）被告在中国有住所或居所的，被告不在中国境内居住而原告在中国有居所或住所的；（2）国内结婚在国外定居的华侨，定居地法院以离婚诉讼应由婚姻缔结地法院管辖、应由国籍所属国法院管辖为由不予受理的；（3）中国公民双方居住在国外但尚未定居，一方向人民法院起诉离婚的，原告或被告住所地法院均具有管辖权。

关于此类离婚案件的法律适用，有如下几种情况：（1）法院地在中国境内，适用中国法；（2）外方当事人本国法院受理的中国公民与外国人之间的离婚案件，适用法院地法，即外国法；（3）受案法院在第三国，则依第三国法律处理中国公民与外国人之间的离婚案件。

111. 为何有些离婚诉讼法院不予受理？

婚姻关系中的一方想要通过诉讼的方式来离婚，法院不是在任何情况下都受理的。在一些法定情况下，法院会作出不予受理的裁定。根据有关法律规定，以下离婚案件法院不予受理：

（1）女方在怀孕期间，分娩后一年或终止妊娠后六个月内，男方提出的离婚诉讼。根据《民法典》第1082条规定，有三种情况男方不得提出离婚：一是女方在怀孕期间，指女方从受孕之日起至分娩之日的一段时间；二是女方在分娩后一年内，即从婴儿出生之日起一年内；三是女方终止妊娠后六个月内，即从女方人工流产后六个月内。

《民法典》第1082条还规定，女方提出离婚诉讼的不受此规定的限制，法院应当受理。如果法院认为确有必要受理男方提出的离婚请求，也不受此规定的限制，如妇女婚后怀孕，是因婚姻关系的双方当事人以外的第三人所致；男方生命受到女方威胁，或男方的合法权益受到女方侵害；女方对婴儿有虐待、遗弃的行为等情况，男方提出离婚诉讼的，法院可以受理，并视具体情况作出是否准予离婚的判决。

（2）现役军人的配偶提出的离婚诉讼。《民法典》第1081条规定："现役军人的配偶要求离婚，应当征得军人同意，但是军人一方有重大过错的除外。"提起离婚必须是现役军人的非军人配偶一方向现役军人一方提起，在现役军人一方没有重大过错的情形下，必须征得现役军人一方的同意，否则，人民法院不受理离婚诉讼请求。这是针对保护现役军人一方的合法权益作出的规定。同时《民法典》第1081条规定了"但是军人一方有重大过错的除外"，也就是说，如果现役军人一方有重大过错，非军人一方提出离婚，现役军人一方不同意，经调解无效，人民法院仍可依法判决离婚。

（3）不符合《民事诉讼法》关于离婚案件管辖的规定。起诉离婚应当按照《民事诉讼法》关于离婚案件管辖部分的规定，向有管辖权的人民法院提起诉讼。

（4）有《民事诉讼法》第124条第7项规定的情形。人民法院判决不准离婚和调解和好的离婚案件，判决、调解维持收养关系的案件，没有新情况、新理由，原告在六个月内又起诉的，不予受理。但是这是没有新情况、新理由的情形，如果有新情况、新证据提供，在六个月内再次起诉法院也应该受理。

112. 一方起诉离婚，法院一定会判决离婚吗？

通常情况下，很多人第一次起诉时法院不会判决离婚，而第二次诉讼法院就会判决离婚。主要有以下两个原因。

（1）人民法院对夫妻感情确已破裂的认定。一部分案件中，原告缺乏证据证明夫妻感情确已破裂，因此人民法院无法认定；另一部分案件中，原告有充分证据证明符合法律规定的夫妻感情确已破裂的事实确实存在，但是人民法院此时常倾向于，此种夫妻感情破裂的情形并不是不可挽回的。如果第一次起诉离婚，双方被法院劝回家，又第二次来起诉离婚，此时应当可以认定双方离婚的意愿很坚定，这是“感情确已破裂”的客观表现，此时法院就会判决离婚。

（2）根据《民法典》第 1079 条的规定，人民法院判决离婚案件必须先进行调解。很多案件在调解过程中，人民法院可能发现夫妻感情有存续的基础，这种情况下法院是不会判决离婚的。对解除婚姻关系的案件，法院是慎之又慎的，尽量避免“意气用事”造成的离婚，第一次起诉判决不准离婚也是给双方当事人一个修补婚姻关系的机会。

由于以上两个原因的存在，人民法院在第一次审判时，在多数情况下都不会判决准予离婚。而第二次诉讼时，人民法院根据记录可以发现当事人上次的诉讼，且当事人一般都是隔一段时间再次来到人民法院，那么人民法院多数情况下会认为此案件中婚姻双方的感情确已破裂且难有缓和可能。因此，人民法院往往在双方的第二次诉讼中会判决准予离婚。

113. 离婚时可否要求返还彩礼？

鉴于彩礼是我国长期以来的婚姻习惯，而且至今仍广为适用于民间，我国法律对此专门作出了规定。彩礼的返还主要分为以下两种情况：其一，双方尚未办理结婚登记手续的。无论举行婚礼与否，只要没有在民政部门办理结婚登记，双方就不存在婚姻关系，依据《婚姻法司法解释（二）》第 10 条第 1 款第 1 项的规定，当事人请求返还彩礼的，法院应当予以支持。其二，双方已办理结婚登记手续的。依据《民法典》及以往相关司法解释的规定，双方离婚时，若双方还未共同生活，或婚前给付彩礼导致给付人生活困难的，或结婚时间不长的，法院应当对于返还彩礼予以支持。

114. 离婚后，发现有新的未处置的共同财产怎么办？

根据《民法典》以及以往相关司法解释的规定，若存在一方隐匿夫妻共同财产或双方还有尚未处理的夫妻共同财产的情况，当事人请求对该财产进行分割的，只要法院能够认定该财产属于夫妻共同财产，就可以依法予以分割。即使双方已经离婚并且履行了相关的协议或判决，若发现当时未分割的可能属于夫妻共同财产的，仍然可以向法院起诉请求分割。

但需要大家注意的是，请求再次分割夫妻共同财产的诉讼时效为两年，从当事人发现该财产的第二天起计算。因此，行使权利一定要抓紧时间，一旦与对方协商无果，应立即拿起法律武器，维护自己的合法权益。

另外，若一方存在故意隐瞒、毁损、转移夫妻共同财产，或存在类似行为而企图使自己获得更多财产利益的，法院可以依据具体情节的程度对该方所应当分割得到的财产予以少分或不分。

离婚时一方故意隐匿夫妻共同财产的情形比较常见，尤其是在夫妻二人没有共同生活，彼此不充分了解的情况下。因此，相关当事人不仅应当积极加以防范，尤其是当婚姻无法继续，进入离婚诉讼阶段时，更应当对夫妻共同财产进行详尽的调查，以防出现遗漏或者一方故意隐瞒财产的情况。

115. 婚姻被法院宣告无效后可以上诉吗?

情景再现

孙倩倩与李伟是表兄妹，二人不顾家庭的反对而登记结婚。

共同生活了两年后，李伟与另一个女子产生了感情，遂向法院提出对孙倩倩的离婚诉讼。法院通过调查了解到二人是表兄妹关系，于是判决宣告婚姻无效。孙倩倩对此不服，可以上诉吗?

法律分析

根据我国《民事诉讼法》的规定，一般案件在一审之后是允许上诉提交二审的，在符合法定条件下还有再审程序，以最大限度地保障诉讼当事人的合法权益。但是，根据《婚姻法司法解释（一）》第9条的规定，人民法院有关婚姻效力的判决一经作出即发生法律效力。也就是说，当事人对此不得上诉。

本案中，孙倩倩与李伟是表兄妹关系，属于我国《民法典》第1048条规定的直系血亲和三代以内的旁系血亲禁止结婚的情形。即使二人已经登记结婚，根据《民法典》第1051条第2项的规定，该婚姻也属于无效婚姻。所以，法院判决其婚姻无效是正确的，而且此判决一经作出即发生法律效力，孙倩倩不可以上诉。

但是，如果孙倩倩对财产分割与子女抚养问题的判决不服，还是可以提起上诉的。有关婚姻效力的判决是终结性的，婚姻效力判决一经作出即发生法律效力，当事人再上诉或申诉，人民法院均不予受理。但对于涉及财产分割和子女抚养的部分可以进行调解，如果调解成功，另行制作调解书；如果调解不成，人民法院依法作出判决，当事人不服的，可以提出上诉，即适用两审终审制。

116. 离婚的程序具体是怎样的？需要哪些手续、证件材料？

1. 离婚登记的条件

（1）男女双方必须自愿离婚。

（2）双方均具有完全民事行为能力。

（3）当事人持有离婚协议书，协议书中必须载明双方自愿离婚的意思表示以及对子女抚养、财产及债务处理等事项协商一致的意见。

（4）当事人持有内地婚姻登记机关或者中国驻外使（领）馆颁发的结婚证。

2. 离婚登记提交的证件材料

（1）本人常住户口簿、居民身份证。

（2）双方的结婚证。

（3）双方当事人的离婚协议书。

（4）双方当事人各提交2张2寸单人近期半身免冠彩色照片。

3. 离婚登记的程序

（1）离婚的男女双方共同到一方常住户口的区、县级市民政局（或镇人民政府）婚姻登记处提出申请。

（2）双方当事人填写《申请离婚登记声明书》，并在婚姻登记员面前签名或按指印。

（3）双方当事人在离婚协议书（一式三份）上签署同意协议内容的意愿，并在婚姻登记员面前签名或按指印。

（4）婚姻登记机关对离婚当事人提交的证件、协议书、证明材料进行审查，符合离婚登记条件的，予以登记。

4. 离婚登记的时限、收费标准

（1）登记时限：证件材料齐全，予以登记，发给离婚证。

（2）收费标准：国内离婚登记每对9元。

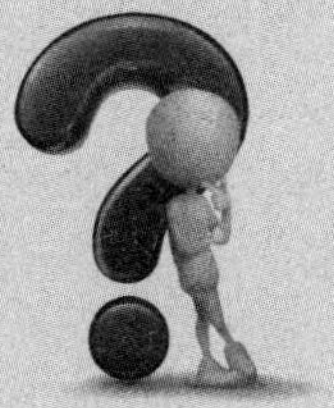

第五章

CHAPTER 5

子女抚养

117. 非婚生子女与婚生子女在权利上有差异吗?

婚生子女是男女双方在依法确立婚姻关系后所生育的子女，非婚生子女则是在依法确立婚姻关系前或婚外行为所生的子女，如同居、婚前性行为、姘居、通奸乃至被强奸后所生的子女。《民法典》第1071条规定："非婚生子女享有与婚生子女同等的权利，任何组织或个人不得加以危害和歧视。不直接抚养非婚生子女的生父或者生母，应当负担未成年子女或者不能独立生活的成年子女的抚养费。"可见，法律明确规定了非婚生子女享有与婚生子女在被抚养、接受教育、继承遗产等诸方面同等权利，任何人不得干涉、危害、歧视。婚生子女与非婚生子女，法律均予以保护，法律地位及权利是平等的。

118. 人工授精所生子女会被法律区别对待吗？

人工授精所生子女，法律上称为辅助生殖技术，是指已婚夫妻借用现代生物技术，通过非自然的性行为怀孕所生育的子女。根据授精方法的不同，可分为同质授精所生子女和异质授精所生子女两种。所谓“同质授精”，是采用人工授精方式，将丈夫的精子植入妻子子宫内。“异质授精”是将非丈夫的精子植入妻子子宫内。

“同质授精”所生子女，其法律地位不会令人质疑，但“异质授精”则有所不同。根据《最高人民法院关于夫妻关系存续期间以人工授精所生子女法律地位的复函》的规定，人工授精可分为三种情况：

（1）精子与卵子来源于夫妻双方，只是采用科学技术辅助使之结合怀孕所生的，该子女与父母双方均有血缘上的联系，是夫妻双方的亲生子女，属于婚生子女。其法律地位适用《民法典》关于父母子女关系的规定。

（2）如果在婚姻关系存续期间，事先经过丈夫同意或事后丈夫明确表示无异议，妻子采用人工授孕技术怀孕，精子不是生育妇女丈夫提供的，尽管子女与生育妇女的丈夫无血缘关系，但该子女仍应认为是生育妇女的丈夫的婚生子女，生育妇女的丈夫应视为该子女法律上的父亲。

（3）在婚姻关系存续期间，如果妻子未经丈夫同意，采用他人精子人工授精生育子女，所生子女与生育妇女丈夫无法律上的父子关系。由此可知，人工授精所生子女要成为婚生子女需要一定的条件，即人工授精得到了夫妻双方的一致同意。这种“同意”并没有局限于某种固定的形式，可以是书面的，也可以是口头的，还可以从实际行为推定，在实践中可以结合具体情况认定。但是，如前文最高院的复函所述，在婚姻关系存续期间，如果妻子未经丈夫同意，采用他人精子人工授精生育子女，所生子女与生育妇女丈夫无法律上的父子关系，也就是说夫妻一方在另一方不知情的情况下，私自进行人工授精生育子女，此时由于不符合“夫妻双方一致同意”的条件，所以，所生子女不属于夫妻双方的婚生子女，未同意一方对该子女不负有抚养义务，只能是靠私自进行人工授精生育该子女的一方自行抚养。

119. 继父母子女关系能解除吗？

根据《民法典》的有关规定，继父或继母和受其抚养教育的继子女间的权利和义务，适用婚姻法对父母子女关系的有关规定。父母与子女间的关系，不因父母离婚而消除。

目前，法律上没有明文规定形成抚养关系的继父母与继子女之间关系如何解除。由于形成抚养关系的继父母与继子女之间的权利和义务，适用《民法典》对父母子女关系的有关规定，故和收养关系下的养父母与养子女之间的关系一样，同为法律拟制血亲关系。法律拟制血亲关系既可通过一定的法律事实和法律行为成立，也可通过一定的法律事实和法律行为解除，故形成抚养关系的继父母子女关系也可以解除。

《民法典》婚姻家庭编的收养部分规定了解除收养关系的两个必备条件，但因《民法典》婚姻家庭编的收养部分只是调整收养关系的法律规范，形成抚养关系的继父母子女关系不由其调整，故在法律没有明文规定形成抚养关系的继父母子女关系解除条件的情况下，可参照《民法典》婚姻家庭编的收养部分规定的精神来处理这类纠纷。

120. 父母离婚时，不满 2 周岁的子女一般会判给谁？

根据我国《民法典》第 1084 条第 3 款的规定，离婚后，不满 2 周岁的子女，以由母亲直接抚养为原则。已满 2 周岁的子女，父母双方对抚养问题协议不成的，由人民法院根据双方的具体情况，按照最有利于未成年子女的原则判决。子女已满 8 周岁的，应当尊重其真实意愿。根据《最高人民法院关于人民法院审理离婚案件处理子女抚养问题的若干具体意见》第 1 条的规定，2

周岁以下的子女，一般随母方生活。据此，可以知道，父母离婚时不满2周岁的子女通常情况下法院会判由母亲抚养。

但是这并非绝对，如果母方有下列情形之一的，可随父方生活：（1）患有久治不愈的传染性疾病或其他严重疾病，子女不宜与其共同生活的；（2）有抚养条件不尽抚养义务，而父方要求子女随其生活的；（3）因其他原因，子女确无法随母方生活的。

121. 父母离婚时，2周岁以上的子女一般会判给谁？

根据我国《民法典》第1084条第3款的规定，离婚后，不满2周岁的子女，以由母亲直接抚养为原则。已满2周岁的子女，父母双方对抚养问题协议不成的，由人民法院根据双方的具体情况，按照最有利于未成年子女的原则判决。子女已满2周岁的，应当尊重其真实意愿。

同时，根据《最高人民法院关于人民法院审理离婚案件处理子女抚养问题的若干具体意见》第3条的规定，对2周岁以上未成年的子女，父方和母方均要求随其生活，一方有下列情形之一的，可予优先考虑：（1）已做绝育手术或因其他原因丧失生育能力的；（2）子女随其生活时间较长，改变生活环境对子女健康成长明显不利的；（3）无其他子女，而另一方有其他子女的；（4）子女随其生活，对子女成长有利，而另一方患有久治不愈的传染性疾病或其他严重疾病，或者有其他不利于子女身心健康的情形，不宜与子女共同生活的。第4条规定，父方与母方抚养子女的条件基本相同，双方均要求子女与其共同生活，但子女单独随祖父母或外祖父母共同生活多年，且祖父母或外祖父母要求并且有能力帮助子女照顾孙子女或外孙子女的，可作为子女随父或母生活的优先条件予以考虑。

综上，2周岁以上的子女由谁抚养，需依照以上法律规定，视具体情况而定。

122. 父母离婚时，由祖父母、外祖父母带大的子女一般会判给谁？

情景再现

王畅和张洋结婚后不久，王畅就怀孕了，孩子顺利降生。张洋工作非常繁忙，王畅休完产假后也面临着大量待处理的工作，两人都无暇照顾孩子。两人经过协商，将孩子送到张洋老家由爷爷奶奶代为照管。孩子回到张洋老家后，两人工作蒸蒸日上，更是忙得不可开交，交流越来越少，矛盾也越来越多，后升级为彼此“冷暴力”。经过多番考虑，双方打算协议离婚，可是对于已经5岁的孩子由谁抚养，双方争执不休。张洋认为孩子应该继续由爷爷奶奶照顾，爷爷奶奶也愿意并有能力抚养孩子，孩子抚养权应当归属父亲，遂诉至法院，请求裁决。

法律分析

根据《最高人民法院关于人民法院审理离婚案件处理子女抚养问题的若干具体意见》第4条的规定，父方与母方抚养子女的条件基本相同，双方均要求子女与其共同生活，但子女单独随祖父母或外祖父母共同生活多年，且祖父母或外祖父母要求并且有能力帮助子女照顾孙子女或外孙子女的，可作为子女随父或母生活的优先条件予以考虑。本案中，张洋的父母即孩子的祖父母一直都在帮助张洋抚养孩子，且表示愿意并有能力照顾孩子，这可以作为孩子随父生活的优先条件，法院依法会支持张洋的诉讼请求，判决孩子归其抚养。

123. 父母双方可以协议轮流抚养子女吗？

《最高人民法院关于人民法院审理离婚案件处理子女抚养问题的若干具体意见》第6条规定，在有利于保护子女利益的前提下，父母双方协议轮流抚养子女的，可予准许。

其实，法律对于孩子判由谁抚养，都是以便于孩子成长来考虑，而父母与孩子的血缘关系和父母对孩子的抚养义务不会因为父母婚姻的终结而改变。正如《民法典》第1084条第1款、第2款的规定，父母与子女间的关系，不因父母离婚而消除。离婚后，子女无论由父或者母直接抚养，仍是父母双方的子女。离婚后，父母对子女仍有抚养、教育、保护的权利和义务。

124. 父母离婚的，子女抚育费的数额该如何确定？

我国《民法典》第1085条规定，离婚后，子女由一方直接抚养的，另一方应当负担部分或者全部抚养费。负担费用的多少和期限的长短，由双方协议；协议不成的，由人民法院判决。前款规定的协议或者判决，不妨碍子女在必要时向父母任何一方提出超过协议或者判决原定数额的合理要求。

《最高人民法院关于人民法院审理离婚案件处理子女抚养问题的若干具体意见》第7条对子女抚养费的数额进行了明确规定，子女抚育费的数额，可根据子女的实际需要、父母双方的负担能力和当地的实际生活水平确定。有固定收入的，抚育费一般可按其月总收入的20%至30%的比例给付。负担两个以上子女抚育费的，比例可适当提高，但一般不得超过月总收入的50%。无固定收入的，抚育费的数额可依据当年总收入或同行业平均收入，参照上述比例确定。有特殊情况的，可适当提高或降低上述比例。

125. 在离婚诉讼期间，双方均拒绝抚养子女的，该怎么处理？

《最高人民法院关于人民法院审理离婚案件处理子女抚养问题的若干具体意见》第20条规定，在离婚诉讼期间，双方均拒绝抚养子女的，可先行裁定暂由一方抚养。

双方同时拒绝抚养子女是一种严重的违法行为。当出现这种情形时，人民法院会以有利于孩子身心为原则，综合双方的经济条件、品格、职业等因素，先行裁定子女暂时由一方抚养。等待案件审理结束之后，正式判决孩子归父亲或者母亲抚养。如果被指定的一方拒不履行抚养义务，法院可以采取制裁措施迫使其履行自己的义务。

对子女的抚养，是权利更是义务，这种义务不会因为夫妻双方离婚而予以免除，无论父方还是母方对孩子都有一定的应尽义务。现实生活中，绝大多数情形是父母自觉自愿地履行其义务，法律不必过多干预或介入。但是，并不排除少数人自私自利，生而不养，公然背离作为父母应承担的道义责任和法律义务。在此情形下，则必须借助法律，强制父母履行抚养义务。

126. 法院判决孩子归其抚养的一方拒绝另一方行使探视的权利，该如何处理？

情景再现

小月和小阳经法院判决离婚，法院经过综合考虑，将孩子抚养权判归母亲小月，并明确了小阳的探视权。可是离婚判决书下达以后，小月便带着孩子回了老家，并拒绝小阳探望孩子。此后，小阳几经周折都未能见到孩子一面，无奈之下诉至法院。

法律分析

《民法典》第1086条第1款规定，离婚后，不直接抚养子女的父或者母，有探望子女的权利，另一方有协助的义务。可见，探望子女的权利是法律明确赋予的权利，另一方不能任意阻止该权利的行使。同时，对拒不执行有关扶养费、抚养费、赡养费、财产分割、遗产继承、探望子女等判决或裁定的，如未直接抚养孩子的一方不能探望孩子，可以向人民法院申请强制执行。本案中的小阳即可向法院提出申请，以法院强制执行的方式探望孩子，小月应当予以配合。

127. 夫妻离婚，一方是否有权擅自更改孩子的姓氏？

《民法典》第 1015 条规定：自然人应当随父姓或者母姓，即子女可以随父姓也可以随母姓，充分体现了我国《民法典》男女平等、夫妻平等的原则。那种认为子女只能随父姓、不能随母姓的传统的封建思想观念是错误的。但是，《民法典》也并未规定父母一方可以将子女的姓氏随意更改，既然确定了孩子姓氏，其姓氏就不得随意更改。

《最高人民法院关于人民法院审理离婚案件处理子女抚养问题的若干具体意见》第 19 条规定："……父或母一方擅自将子女姓氏改为继母或继父姓氏而引起纠纷的，应责令恢复原姓氏。"当然，只要双方协商一致，不违背社会的公共道德，也可决定子女采用其他姓氏，法律并不禁止。但从上述规定可以看出，任何一方变更子女姓名时，都要征得对方的同意。也就是说，只有孩子的亲生父母均同意，才可变更其姓氏。

128. 离婚后，父母能否因为孩子变更姓氏而拒绝支付抚养费？

《婚姻法》第 1015 条规定：自然人应当随父姓或者母姓，即子女可以随父姓也可以随母姓，这体现出男女社会地位的平等。

离婚后，父母一方因子女改姓拒绝支付小孩的抚养费，这是没有法律依据的。

根据《最高人民法院关于子女姓氏问题的批复》等文件的解释，离异夫妇的子女姓氏取决于子女本人的意愿，在子女年幼尚无表示自己意志的能力时，应从民间习惯，其出生时所用的姓氏不宜改变。直接抚养子女的一方将姓氏依抚养责任而变更，这显然是不妥当的。父母离婚，除因协议变更子女姓氏，或子女年纪增长得以自己意志决定自己从父姓或母姓外，并无使子女改变原姓氏的必要。

根据法律规定，父母不得因子女变更姓氏而拒付子女抚育费，未抚养子女一方的，仍然应当支付抚养费。与此同时，抚养子女一方擅自将子女姓氏变更的，对方可以向法院起诉要求恢复原姓氏，在这种情况下，法院会判决责令变更子女姓氏一方恢复子女的原姓氏。

129. 离婚时，抚养一方可否要求增加子女的抚养费？

父母子女关系不因父母的离婚而改变，父母有义务抚养自己的子女。夫妻离婚后不随子女共同生活的一方有义务支付子女抚养费，支付抚养费的标准应当结合子女的实际需要、父或母的负担能力、当地的实际生活水平来确定。子女的抚养费主要包括子女生活费、教育费、医疗费等费用，以满足子女的基本生活需要。

子女抚养费可以增加，但是增加要具有合法性和必要性，主要应考虑三个因素：一是被请求方的实际支付能力；二是子女是否因为生病、升学而大幅增加支出；三是达成子女抚养协议的基础是否发生重大变化。如果符合前述条件，是可以要求适当增加抚养费的。

130. 离婚后，爷爷、奶奶或者外公、外婆有权探望孙子女、外孙子女吗？

《民法典》第1086条规定，离婚后，不直接抚养子女的父或者母，有探望子女的权利，另一方有协助的义务。这是我国法律对探视权问题所作的明确规定，从这条规定可以看出，行使探视权的主体是不直接抚养子女一方的父或母，而非爷爷、奶奶或者外公、外婆，因此，爷爷、奶奶或者外公、外婆想要行使探视权，不适用此条规定。

我国的法律对隔代探望权并没有任何明文规定，但从社会生活的具体情况来看，孙儿是老人的寄托，从子女的角度考虑，孙儿也希望能够得到爷爷、奶奶的疼爱。从法律的角度考虑，尽管我国法律对隔代探望没有明确规定，但是根据我国《民法典》的规定，民事活动应当尊重社会公德，不得损害社会公共利益。民事主体从事民事活动，不得违反法律，不得违背公序良俗。法院在子女的父或母一方去世的情形下，赋予爷爷、奶奶或外公、外婆对随另一方生活的孙子女的隔代探望权，并无不当，也无损公序良俗和社会公共利益。

131. 儿子被继父虐待，亲生父亲能否起诉要求变更抚养关系？

情景再现

李春花和张大志都是西北农村的农民，两人经人介绍结成连理并生育了一个男孩。后二人因家庭矛盾导致离婚，双方约定儿子由李春花抚养，张大志按月支付抚养费。2016 年，李春花与同村男青年牛国强组成家庭，儿子与母亲一起住到牛国强家里。由于李春花不同意再为牛国强生育子女，牛国强便把李春花和张大志生育的儿子视为眼中钉，经常殴打、谩骂。2017 年年底，张大志在探望儿子时，发现孩子身体上有伤痕，便向公安机关报案。经鉴定，儿子身体上有多处外伤，已构成轻微伤。2018 年 5 月，张大志一纸诉状将前妻李春花诉至法院，要求变更抚养关系。那么，法院会支持张大志的诉求吗？

法律分析

根据《最高人民法院关于人民法院审理离婚案件处理子女抚养问题的若干具体意见》的规定：与子女共同生活的一方不尽抚养义务或者有虐待子女行为的情形，一方要求变更子女抚养关系的，应予支持。夫妻离婚后，取得子女抚养权的一方应履行监护人的职责，彻底保障未成年子女健康成长。

本案中，李春花与张大志离婚后，虽约定儿子由李春花抚养，但李春花在抚养过程中，未尽到监护职责，导致儿子遭受虐待，且经鉴定构成轻微伤害，这明显对儿子的健康成长不利。因此，生父张大志起诉要求变更抚养关系，依法应予准许。

父母与子女间的血缘关系，是永远都无法改变的事实。父母双方再婚时，均要客观、现实地考虑孩子的实际情况和情感，从有利于孩子生活和学习的角度出发，给孩子一个健康、稳定的成长环境。这样，孩子的幸福才不会因为父母的分离而削减。

132. 离婚后，无抚养权的一方如何行使自己的探望权？

情景再现

2017 年 5 月 27 日，周强与张欣经法院判决离婚，判决书认定女儿的抚养权归女方张欣，男方周强每月支付抚养费600元，周强周六或周日可以接女儿共同生活一天。6月8日，周强接女儿时遭张欣拒绝，理由是周强带女儿去打电子游戏，张欣认为这样对女儿的健康成长不利。后虽经周强家人及相关单位多番调解，张欣及其家人仍然拒绝周强接女儿共同生活。7月16日，周强向法院起诉要求张欣履行离婚判决书上的义务，允许自己每周六或周日接女儿回家生活。

法律分析

父母对子女的探望权，是亲权中的一项基本而重要的权利，它是基于父母子女关系而享有的身份权的合法体现。探望权的设立，一方面是为了保障间接抚养方对子女探望的权利，满足其思念子女的情感需要；另一方面也能使子女对父母的感情不因家庭的破碎而变化，尽量减少离婚给子女造成的伤害，有利于子女的身心健康。但是，如果探望权行使不当，就应另当别论。

根据我国《民法典》第1086条的规定："离婚后，不直接抚养子女的父或者母，有探望子女的权利，另一方有协助的义务。行使探望权利的方式、时间由当事人协议；协议不成的，由人民法院判决。父或者母探望子女，不利于子女身心健康的，由人民法院依法中止探望；中止的事由消失后，应当恢复探望。"据此可知，父或母享有对子女的探望权，但权利的行使应该在法律规定的范围内。如果其行使探望权不利于子女身心健康，由人民法院依法中止探望的权利，中止的事由消失后，应当恢复探望的权利。

本案中，周强享有对女儿的探望权，但是周强带女儿去玩电子游戏，对女儿的健康成长是不利的，根据法律的规定，张欣可以请求人民法院中止周强的探望权，但应走法律程序，而不应该私自决定不让周强行使探望权。

133. 法院强制执行探望权，能否将孩子强行带走？

情景再现

由于在婚姻关系存续期间，宋江出轨，和别的女子发展恋爱关系并同居，导致宋江与前妻张晶晶感情破裂并离婚，张晶晶因此十分憎恨宋江。张晶晶和宋江经过法院诉讼领取离婚证后，取得了孩子的抚养权。离婚后，张晶晶断绝了与前夫宋江的一切往来，也不让孩子与宋江有任何牵连。当宋江提出探望孩子时，张晶晶均予以拒绝。经过几次交涉无果，宋江向法院起诉，要求法院判决张晶晶配合自己行使探望权。法院经审理支持了宋江的请求，可张晶晶依然不配合。宋江只好申请法院强制执行。张晶晶很害怕，生怕法院会强行将孩子带走。

法律分析

依照我国《民法典》第1086条第1款的规定，离婚后，不直接抚养子女的父或者母，有探望子女的权利，另一方有协助的义务。探望权案件的执行，是未与子女生活的一方对子女的亲权得以实现的法律保障。离婚后，父母与子女的关系并不解除，父母对子女都有亲权。但是，如果未与未成年子女共同生活的一方不能定期看望、关心子女，那么其维系亲权关系的意义就无法实现。对拒不执行有关扶养费、抚养费、赡养费、财产分割、遗产继承、探望子女等判决或裁定的，由人民法院依法强制执行。有关个人和单位应负协助执行的责任。

但法院强制执行探望权并非把孩子强行带走。《婚姻法司法解释（一）》规定了人民法院有权对拒不配合履行探望权义务的主体采取强制措施，但不能对子女的人身、探望行为进行强制执行。

本案中，张晶晶与宋江离婚后，取得了孩子的抚养权，应依法协助宋江实现探望孩子的权利。但是张晶晶不但阻止宋江行使探望权，而且在法院判决其配合宋江行使探望权后，依然拒不执行。所以，人民法院可以依法强制执行。但是，法院在强制执行的时候，并不是对子女的人身、探望行为进行强制执行，而是对拒不履行协助另一方行使探望权的有关个人和单位采取拘留、罚款等强制措施，即可以对张晶晶采取拘留、罚款等强制措施。

134. 探望权被侵犯，能否请求法院进行保护？

探望权是我国《民法典》赋予当事人的一项实体权利，只要是符合规定情形的父母都应依法享有该项权利，其权利的行使应受到法律的保护。一般在不影响子女的学习、不严重改变子女生活规律的前提下，确定一段时间内，间接扶养方可与子女单独交流。

我国《民法典》第 1086 条第 1 款、第 2 款规定："离婚后，不直接抚养子女的父或者母，有探望子女的权利，另一方有协助的义务。行使探望权利的方式、时间由当事人协议，协议不成的，由人民法院判决。"从此条规定中可知，离婚后，不直接抚养子女的父或母，有探望子女的权利，另一方有协助的义务。

但是，通过诉讼方式离婚的当事人，离婚判决中由于种种原因没有涉及探望权，当事人双方也协商不成时，不直接抚养子女的父或母可以通过起诉的方式要求法院就探望权问题进行判决吗？对此，《婚姻法司法解释（一）》第 24 条规定："人民法院作出的生效的离婚判决中未涉及探望权，当事人就探望权问题单独提起诉讼的，人民法院应予受理。”可见，对单独以探望权的行使为由向人民法院提起诉讼，要求保护其今后探望权的依法行使的，人民法院依法应予以受理。

需要注意的是，探望权的强制执行不是对未成年子女人身的强制，而是对抚养子女的父或母而言的。也就是说，探望权的强制执行以子女的同意为前提，如果子女（一般需年满 8 周岁）不愿见未与其共同生活的父或母，法院通常不会强制执行探望权。

135. 外祖父母有权禁止亲生父母探望孩子吗？

情景再现

周江波和张丽两人经人介绍后恋爱并结婚。婚后周江波始终未找工作，整日在家游手好闲，还染上了赌博的恶习。张丽苦口婆心地劝说，周江波仍旧恶习不改。无奈，张丽与周江波离婚，并协议由张丽抚养女儿，周江波每个周末可以探望女儿。为了让女儿生活得更好，张丽工作之余又找了份兼职，因没有时间照顾女儿，便让自己的母亲帮着照看女儿。周江波经常在酒后来看望女儿。张丽的母亲认为周江波的行为对外孙女的成长不利，想去法院申请中止周江波的探望权。

法律分析

不利于子女的身心健康，是探望权中止的法定理由。不利于子女身心健康，包括子女的身体、精神、道德和感情的健康。根据《婚姻法司法解释（一）》第26条的规定，未成年子女、直接抚养子女的父或母及其他对未成年子女负担抚养、教育义务的法定监护人，有权向人民法院提出中止探望权的请求。张丽的母亲作为外孙女的监护人，认为周江波的探望行为不利于外孙女的成长，可以向法院提起中止探望权的申请。经法院审理查明，周江波的探望行为确实不利于其女儿成长的，可以依法中止周江波的探望权。

需要特别注意的是，中止探望权只是探望权行使的障碍，并非剥夺，当法律上规定的不利于子女身心健康的情形消除后，探望权人原享有的探望权可以恢复，人民法院应当根据当事人的申请通知其恢复探望权的行使。

136. 上大学的成年子女可否要求父母支付抚养费?

父母为成年子女在大学期间主动支付抚育费虽然是一种常态，但这只是父母在道德上的义务，并不是法定义务。我国《民法典》第1067条规定："父母不履行抚养义务的，未成年子女或者不能独立生活的成年子女，有要求父母给付抚养费的权利。……”

对于何为不能独立生活的子女，主要有以下情形：（1）丧失劳动能力或虽未完全丧失劳动能力，但其收入不足以维持生活的；（2）尚在校接受高中及其以下学历教育的；（3）丧失或未完全丧失劳动能力等非因主观原因而无法维持正常生活的成年子女。

在现实生活中，虽然让已成年大学生在大学学习期间以自己的劳动来支付自己的教育费、生活费有很大困难，但将父母对子女的抚养义务依法限制在一定时间范围内是社会发展的需要，更是社会进步的要求。

137. 老人尚有子女，可否要求孙子女承担赡养义务？

关于祖孙之间的权利义务关系，《民法典》婚姻家庭编、继承编有较为明确的规定，祖孙之间的关系主要体现在祖父母、外祖父母对孙子女、外孙子女的抚养义务；孙子女、外孙子女对祖父母、外祖父母的赡养义务以及祖孙相互之间的继承关系。关于祖孙之间的继承关系，法律规定祖父母、外祖父母是第二顺序法定继承人，没有第一顺序继承人或第一顺序继承人均放弃或丧失继承权时，祖父母、外祖父母可继承孙子女、外孙子女的遗产。反过来，在继承祖父母、外祖父母遗产的问题上，孙子女、外孙子女也是第二顺序继承人，只不过孙子女、外孙子女在其父母先于祖父母、外祖父母死亡时，可以代位继承人的资格，继承祖父母、外祖父母的遗产。

依照《民法典》的规定，成年子女不履行赡养义务的，缺乏劳动能力或者生活困难的父母，有要求成年子女给付赡养费的权利。子女赡养扶助父母是其应尽的法定义务，而对祖父母和外祖父母而言，孙子女和外孙子女则并非理所当然的就是法定的赡养义务人。只是在极特殊的情况下，当子女无法履行其应尽赡养义务如子女死亡或者子女没有赡养能力时，才属于《民法典》第 1074 条“……有负担能力的孙子女、外孙子女，对于子女已经死亡或者子女无力赡养的祖父母、外祖父母，有赡养的义务”规定之情形。《民法典》第 1074 条中所称的“子女已经死亡或者子女无力赡养”，应当是指父母所有的子女都符合上述情形，换言之，只要其子女中还有人具备赡养能力，孙子女和外孙子女就无须承担赡养义务。

138. 赡养义务能协议免除吗？

《宪法》第 49 条第 3 款规定：“父母有抚养教育未成年子女的义务，成年子女有赡养扶助父母的义务。”《民法典》规定，

“父母对子女有抚养教育的义务；子女对父母有赡养扶助的义务。父母不履行抚养义务时，未成年的或不能独立生活的子女，有要求父母付给抚养费的权利。子女不履行赡养义务时，无劳动能力的或生活困难的父母，有要求子女付给赡养费的权利”。

赡养义务被确定为一种法定义务，是赡养义务人必须承担的义务，义务人无权随意处分自己所应负的义务。但是被赡养人可以处分自己得到赡养的权利，这种权利一旦被放弃，则会导致赡养义务人义务的免除。也就是说，赡养义务人不能要求甚至强迫与被赡养人签署协议来免除自己的赡养义务，但是被赡养人作为权利的享有者，如果主动、自愿地与赡养人签署协议，免除赡养义务人的义务，法律是允许的，只有在这种情况下，赡养人的赡养义务才能通过协议免除。

赡养义务是一种长期、持续性的义务，这种义务被免除的话，被免除期间的义务不再存在，但如果权利人要求恢复义务人的义务，则从要求时起义务人应当重新承担义务。故被赡养权利人可以要求赡养义务人尽赡养义务，也可以不要求其尽赡养义务；当赡养义务人的赡养义务被免除后，被赡养人也可以随时要求恢复赡养义务人的赡养义务，赡养义务人自被要求恢复义务时起重新承担赡养义务。

139. 夫妻一方提出亲子鉴定，另一方拒绝的应当如何处理？

对于这一问题，《婚姻法司法解释（三）》第2条规定："夫妻一方向人民法院起诉请求确认亲子关系不存在，并已提供必要证据予以证明，另一方没有相反证据又拒绝做亲子鉴定的，人民法院可以推定请求确认亲子关系不存在一方的主张成立。当事人一方起诉请求确认亲子关系，并提供必要证据予以证明，另一方没有相反证据又拒绝做亲子鉴定的，人民法院可以推定请求确认亲子关系一方的主张成立。"

由于亲子鉴定事关重大，涉及夫妻双方、子女和他人的人身关系和财产关系，请求确认或否认亲子关系的一方要承担与其诉讼请求相适应的举证责任。如果过分强调请求一方的证明责任，势必使请求人的实体权利难以得到保护；但如果忽略请求一方的证明责任，则可能导致权利滥用，不利于家庭关系的稳定和当事人隐私的保护。在处理有关亲子关系纠纷时，如果一方提供的证据能够形成合理的证据链条证明当事人之间可能存在或不存在亲子关系，另一方没有相反的证据又坚决不同意做亲子鉴定的，人民法院可以按照《最高人民法院关于民事诉讼证据的若干规定》第95条的规定作出处理，即可以推定请求否认亲子关系一方或者请求确认亲子关系一方的主张成立，而不配合法院进行亲子鉴定的一方要承担败诉的法律后果。

140. 未经丈夫同意而中止妊娠，丈夫可以提出损害赔偿吗？

情景再现

张春江和李菲菲相恋多年后登记结婚。婚后没多久，李菲菲经医院检查已怀孕。由于李菲菲在工作中表现优秀，领导当时正考虑提拔她当部门经理，为了不影响自己的工作前途，李菲菲犹豫再三还是去做了人流手术，没有将此事告诉丈夫张春江。有一天张春江在家里翻找东西，无意中发现了李菲菲做流产的医疗记录，非常气愤，质问妻子为何不经他同意就把孩子打掉。李菲菲再三解释，张春江依然无法接受。张春江认为李菲菲的行为侵犯了他的生育权，到法院起诉要求妻子向他赔偿损失。

法律分析

根据《婚姻法司法解释（三）》第9条的规定，夫以妻擅自中止妊娠侵犯其生育权为由请求损害赔偿的，人民法院不予支持；夫妻双方因是否生育发生纠纷，致使感情确已破裂，一方请求离婚的，人民法院经调解无效，应依照《婚姻法》第 32 条第 3 款第 5 项的规定处理。对应到《民法典》，便是第 1079 条第 3 款第 5 项“其他导致夫妻感情破裂的情形”的规定。《妇女权益保障法》第 51 条第 1 款规定：“妇女有按照国家有关规定生育子女的权利，也有不生育的自由。”由此可知，未经丈夫同意而中止妊娠，丈夫无权提出损害赔偿。

本案中，李菲菲为了不影响自己的工作前途，在未告诉丈夫的情况下擅自中止妊娠，没有违反法律的规定，李菲菲享有自主决定生育的权利。张春江认为李菲菲的行为侵犯了他的生育权，并提出损害赔偿，没有法律依据，不能得到法院的支持。

第六章

CHAPTER 6

收养

141. 收养应遵循哪些原则?

收养的基本原则是贯彻收养制度的根本准则。《民法典》第1044条规定:“收养应当遵循最有利于被收养人的原则,保障被收养人和收养人的合法权益。……”收养的基本原则应当从以下几个方面理解:

(1)有利于被收养人的抚养和成长的原则。收养正是从有利于未成年被收养人成长的需要出发,能够满足有利于未成年收养人抚养和成长的需要。《民法典》更是以儿童利益保护为其根本目的。

(2)保障被收养人和收养人合法权益的原则。被收养人和收养人是收养关系的基本当事人,收养关系成立后,他们的合法权益即受到法律的保障。收养使生父母无力抚养的孩子能被人领养,使无子女家庭因收养而得以完善,以满足其生活和精神上的需求,既有利于子女的健康成长,也有利于老年人老有所养。

（3）平等自愿的原则。收养是一种民事法律行为，应当遵循民事活动的基本原则。所谓平等，是指收养关系当事人在成立或解除收养关系的民事活动中地位是平等的，不允许任何一方有超越法律的特权，一方不得强迫另一方进行收养或解除收养。所谓自愿，是指当事人在建立和解除收养关系的过程中，应当完全自愿、协商一致地进行，任何一方不得以欺诈、胁迫的手段或乘人之危强令对方在违背真实意愿的情况下进行收养或解除收养。

（4）不得违背社会公德的原则。收养关系当事人成立或解除收养的行为应当尊重社会公德，不得损害社会公共利益，只有这样才能保障收养关系的健康顺利发展，保障当事人的合法权益。

142. 哪些人可以被收养？

《民法典》第 1093 条规定，下列未成年人，可以被收养：

（1）丧失父母的孤儿。何谓孤儿？按照我国民政部在《关于办理收养登记中严格区分孤儿与查找不到生父母的弃婴的通知》（1992 年 8 月 11 日）中所作的解释，孤儿系指其父母死亡或人民法院宣告其父母死亡的不满 14 周岁的未成年人。

（2）查找不到生父母的未成年人。这里所说的查找不到生父母的未成年人，是指被父母遗弃的未成年人。遗弃未成年人的，一般为生父母，也可能是养父母。作为被收养人的未成年人，应以其父母查找不到为必要条件。

（3）生父母有特殊困难无力抚养的子女。生父母有无特殊困难，是否无力抚养？这方面的具体情形在法律中是不可能一一列举的，只能根据当事人的具体情况来认定。一般来说，如父母出于无经济负担能力、患有严重疾病、丧失民事行为能力等原因，以致无法或不宜抚育子女，均可视为有特殊困难，无力抚养。

143. 哪些人可以具有送养人的身份？

送养人是指依法将被收养人送养的人。《民法典》第1094条规定，孤儿的监护人、儿童福利机构、有特殊困难无力抚养子女的生父母可以作为送养人。

（1）孤儿的监护人。当被收养人的父母死亡后，由孤儿的监护人作为送养人。根据《民法典》第27条的规定，可以作为孤儿监护人的包括下列人员：祖父母、外祖父母、兄、姐等近亲属；关系密切的其他亲属、朋友愿意担任监护人的，须经未成年人的父、母的所在单位或者未成年人住所地的居民委员会、村民委员会的同意；在没有前面人员的情况下，由未成年人的父、母的所在单位或者未成年人住所地的居民委员会、村民委员会或者民政部门担任未成年人的监护人。

（2）儿童福利机构。儿童福利机构是指各级人民政府的民政部门所兴办的儿童慈善机构。那些因父母死亡，其他亲属又无力抚养的孤儿或者查找不到生父母的未成年人，依照《未成年人保护法》的规定，由儿童福利机构收容抚养。当收养人在符合条件的情况下，自愿收养由儿童福利机构抚养的孩子时，儿童福利机构即可成为送养人。

（3）有特殊困难无力抚养子女的生父母。父母对子女有抚养教育的义务，这种义务在通常情况下是不能免除的，但如果父母确实有特殊困难（如重疾、高残、丧失劳动能力又无经济来源等情况）无力承担抚养义务，法律允许生父母将自己的子女送养他人。依《民法典》第1097条的规定，生父母送养子女时，无论双方是否离婚，都必须共同送养；除因生父母一方下落不明或者查找不到的，才允许单方送养。此外，生父母一方死亡的，生存方可单方送养。

144. 收养人需要具备什么条件？

根据《民法典》第1098条的规定，一般来说，收养人应同时具备下列五个条件：（1）无子女或者只有一名子女；（2）有抚养、教育和保护被收养人的能力；（3）未患有在医学上认为不应当收养子女的疾病；（4）无不利于被收养人健康成长的违法犯罪记录；（5）年满30周岁。具体来说：

第一，收养人无子女或只有一名子女，且收养人必须具有抚养教育被收养人的能力，没有不利于被收养人健康成长的违法犯罪记录。一般认为，收养人应有抚养和教育被收养人的经济条件、身体条件和教育能力，能够履行父母职责，使少年儿童健康成长。

第二，收养人未患有医学上认为不应当收养子女的疾病。例如，患有恶性传染病的人一般不应当作为收养人收养子女。

第三，收养人必须年满30周岁，此外根据《民法典》第1102条的规定，无配偶者收养异性子女的，收养人与被收养人的年龄应当相差40周岁以上。所谓“无配偶者”是指未婚、离婚或丧失配偶的人。一些无配偶的人为使自己老有所养，有要求收养子女的，为维护这些人的切身利益，法律有义务保障他们收养子女的权利，但由于无配偶者的特殊性，为了更好地维护被收养人的合法权利，法律才对他们的年龄差距作了强制性的规定。但根据《民法典》第1099条的规定，如果无配偶者收养三代以内同辈旁系血亲的子女，可以不受双方年龄必须相差40周岁以上的限制。

145. 收养子女的数量有限制吗？

根据《民法典》第1100条的规定，无子女的收养人可以收养两名子女；有子女的收养人只能收养一名子女。收养孤儿、残疾未成年人或者儿童福利机构抚养的查找不到生父母的未成年人，可以不受收养人无子女和收养数量的限制。无子女的收养人可以收养两名子女；有子女的收养人只能收养一名子女，有利于被收养人的健康成长。特殊情况下，即收养孤儿、残疾儿童或者儿童福利机构抚养的、查找不到生父母的未成年人才不受前述收养数量的限制。

146. 父母一方可以将亲生子女送给他人收养吗？

《民法典》第1097条规定，生父母送养子女，应当双方共同送养。生父母一方不明或者查找不到的，可以单方送养。同时，《民法典》第1101条规定，有配偶者收养子女，应当夫妻共同收养。

生父母有特殊困难，如生父母患有疾病或者经济特别困难等情况，没有能力抚养子女，可以送养未成年子女，但是必须符合前述法律规定。同时法律也规定，有配偶者收养子女也需要夫妻共同同意才能收养，一方未经另一方同意是不能收养子女的。

147. 收养关系的成立需要登记吗？如何办理？

要形成合法的收养关系，一方面需要收养人、送养人、被送养人具备相应的条件；另一方面还需要提供相应的手续和证件，到当地民政部门按照规定的程序办理。

收养人需提供的材料有：

（1）向收养登记机关提交收养申请书。

（2）向收养登记机关提交证件和材料：①收养人的居民户口簿和居民身份证；②由收养人所在单位或者村民委员会、居民委员会出具的本人婚姻状况、有无子女和抚养教育被收养人的能力等情况的证明；③县级以上医疗机构出具的未患有在医学上认为不应当收养子女的疾病的身体健康检查证明。收养查找不到生父母的弃婴、儿童的，并应当提交收养人经常居住地计划生育部门出具的收养人生育情况证明。

收养非社会福利机构抚养的查找不到生父母的弃婴、儿童的，收养人还应当提交下列证明材料：①收养人经常居住地计划生育部门出具的收养人无子女证明；②公安机关出具的捡拾弃婴、儿童报案的证明。收养继子女的，可以只提交居民户口簿、居民身份证和收养人与被收养人生父或者生母结婚证明。

收养登记机关收到收养登记申请书及有关材料后，自次日起 30 日内进行审查。对符合收养法规定条件的，为当事人办理收养登记，发给收养证，收养关系自登记之日起成立；对不符合收养法规定条件的，不予登记，并对当事人说明理由。

148. 外国人可以在中国收养子女吗？

根据《民法典》和《外国人在中华人民共和国收养子女登记办法》的规定，外国人依法可以在中国境内收养子女。

《民法典》第1109条规定，外国人依法可以在中华人民共和国收养子女。外国人在中华人民共和国收养子女，应当经其所在国主管机关依照该国法律审查同意。收养人应当提供由其所在国有权机构出具的有关其年龄、婚姻、职业、财产、健康、有无受过刑事处罚等状况的证明材料，并与送养人签订书面协议，亲自向省、自治区、直辖市人民政府民政部门登记。前款规定的证明材料应当经收养人所在国外交机关或者外交机关授权的机构认证，并经中华人民共和国驻该国使领馆认证，但是国家另有规定的除外。

外国人在中国境内收养子女，包括收养人均为外国人和收养人夫妇中一人为外国人、一人为中国人两种情况。无论哪种情况，在中国境内收养子女的，都应当符合中国有关收养法律的规定，并应当符合收养人所在国收养法律的规定；因收养人所在国法律的规定与中国法律的规定不一致而产生的问题，由两国政府有关部门协商处理。此外，收养人应当与送养人订立书面协议，共同亲自向省级人民政府民政部门登记。

149. 收养关系成立后，养父母对养子女有什么权利和义务?

《民法典》第1111条第1款规定："自收养关系成立之日起，养父母与养子女间的权利义务关系，适用本法关于父母子女关系的规定；养子女与养父母的近亲属间的权利义务关系，适用本法关于子女与父母的近亲属关系的规定。"收养关系成立后，确立了养父母子女的身份关系，收养人为养父母，被收养人为养子女，相互间产生了法定的权利和义务。同时，《民法典》该条规定，养子女与生父母及其他近亲属间的权利义务关系，因收养关系的成立而消除。

养父母对养子女的权利义务主要表现在四个方面：

（1）养子女可以随养父的姓，也可以随养母的姓，由养父母双方商定。收养成立后改变养子女的姓氏是养父母的一项权利，生父母无权干涉和阻挠。当然，在收养后不改变养子女的姓名也是完全可以的。

（2）养父母对养子女有抚养教育的义务，养子女对养父母有赡养扶助的义务，双方都不得互相遗弃和虐待。养父母子女间的上述义务，不因养父母离婚而解除。养子女随一方生活，另一方不得拒绝承担抚养义务。同理，养子女独立生活后，对丧失劳动能力又无生活来源的养父母应履行赡养义务。

（3）养父母有管教和保护未成年养子女的权利和义务。未成年的养子女对国家、集体和他人造成损害时，养父母有赔偿经济损失的义务。

（4）养父母与养子女有相互继承遗产的权利。养子女与婚生子女同属第一顺序法定继承人。任何人都不得侵犯和剥夺养子女的继承权，也不得减少养子女的继承份额。

150. 收养关系成立后，养子女对养父母有什么权利和义务？

根据《民法典》第1111条的规定，自收养关系成立之日起，养父母与养子女间的权利义务关系，适用本法关于父母子女关系的规定；养子女与养父母的近亲属间的权利义务关系，适用本法关于子女与父母的近亲属关系的规定。并且养子女与亲生父母及其他近亲属的权利义务关系，因收养关系的成立而消除。

《民法典》第26条规定："父母对未成年子女有抚养、教育和保护的义务；成年子女对父母有赡养、扶助和保护的义务。”父母不履行抚养义务时，未成年的或不能独立生活的子女，有要求父母付给抚养费的权利。成年子女不履行赡养义务时，无劳动能力的或生活困难的父母，有要求子女付给赡养费的权利。

《老年人权益保障法》第14条第1款、第2款规定：“赡养人应当履行对老年人经济上供养、生活上照料和精神上慰藉的义务，照顾老年人的特殊需要。赡养人是指老年人的子女以及其他依法负有赡养义务的人。”第15条第1款规定：“赡养人应当使患病的老年人及时得到治疗和护理；对经济困难的老年人，应当提供医疗费用。”也就是说，在收养关系有效成立的情况下，养子女与亲生子女一样对养父母具有赡养义务。

151. 养子女的姓氏如何确定？可以保留原姓吗？

《民法典》第1112条规定，养子女可以随养父或者养母的姓氏，经当事人协商一致，也可以保留原姓氏。同时，《民法典》第1111条还规定，自收养关系成立之日起，养父母与养子女间的权利义务关系，适用本法关于父母子女关系的规定；养子女与养父母的近亲属间的权利义务关系，适用本法关于子女与父母的近亲属关系的规定。

在收养关系下，随着收养关系的成立，养父母子女关系确立，作为身份关系的一种标志，养子女的姓氏也可以发生相应的变化，以表明其身份关系的变化。因此，收养关系成立后，养父母可以改变养子女的姓氏。但是法律也并不强制养子女一定跟随养父母确定姓氏，如果养子女已经确定了姓名并做了户口登记等，变更姓名会增添很多不必要的麻烦，养子女与养父母协商一致的，也可以保留原姓。

152. 被收养人成年之前，收养人或送养人可以解除收养关系吗？

《民法典》第 1114 条规定，收养人在被收养人成年以前，不得解除收养关系，但是收养人、送养人双方协议解除的除外。养子女年满 8 周岁以上的，应当征得本人同意。收养人不履行抚养义务，有虐待、遗弃等侵害未成年养子女合法权益行为的，送养人有权要求解除养父母与养子女间的收养关系。送养人、收养人不能达成解除收养关系协议的，可以向人民法院提起诉讼。

子女被依法收养后，生父母只有在符合下列情况时，才能要求解除收养关系：首先，被收养的子女还未成年。若养子女已经成年，要解除收养关系只能由该养子女和养父母协议解除，或者向法院起诉解除，生父母无权要求解除收养关系。其次，如果养子女已满 8 周岁未满 18 周岁，此时要解除收养关系还需要该养子女的同意。再次，收养人有不履行抚养义务、虐待、遗弃等侵害未成年养子女权益的行为。最后，有以上情况，生父母要求解除收养关系的，应该和收养人达成解除收养关系协议，不能达成的可以向法院起诉。

153. 养子女成年后收养关系已经解除的，养子女还需要赡养养父母吗？

《民法典》第 1117 条规定，收养关系解除后，养子女与养父母以及其他近亲属间的权利义务关系即行消除，与生父母以及其他近亲属间的权利义务关系自行恢复。但是，成年养子女与生父母以及其他近亲属间的权利义务关系是否恢复，可以协商确定。第 1118 条规定，收养关系解除后，经养父母抚养的成年养子女，对缺乏劳动能力又缺乏生活来源的养父母，应当给付生活费。因养子女成年后虐待、遗弃养父母而解除收养关系的，养父母可以要求养子女补偿收养期间支出的抚养费。生父母要求解除收养关系的，养父母可以要求生父母适当补偿收养期间支出的抚养费；但是，因养父母虐待、遗弃养子女而解除收养关系的除外。

一般情况下，收养关系解除，养父母子女之间的权利义务关系也归于消灭。但是基于《民法典》第1118条的规定，养子女与养父母解除收养关系后，对养父母具有赡养义务。这是因为，养父母在养子女年幼时，履行了抚养义务，不仅给予了养子女物质上的抚养，也提供了精神上的爱护和慰藉，作为回报，养子女在成年后也应当对养父母承担赡养义务。因此，即使解除了收养关系，养子女也应当对养父母给予经济上的帮助，体现权利与义务相对等的精神。

154. 借收养名义拐卖儿童的如何处理?

《民法典》第1044条规定，收养应当遵循最有利于被收养人的原则，保障被收养人和收养人的合法权益。禁止借收养名义买卖未成年人。另外，需要说明的是，借收养名义拐卖儿童的，依法追究刑事责任。遗弃婴儿的，由公安部门处以罚款；构成犯罪的，依法追究刑事责任。出卖亲生子女的，由公安部门没收非法所得，并处以罚款；构成犯罪的，依法追究刑事责任。

由此可知，如果是借收养名义拐卖儿童，已构成刑事犯罪，将会被追究刑事责任。根据《刑法》第240条的规定，拐卖妇女、儿童的，处5年以上10年以下有期徒刑，并处罚金；有下列情形之一的，处10年以上有期徒刑或者无期徒刑，并处罚金或者没收财产；情节特别严重的，处死刑，并处没收财产：拐卖妇女、儿童集团的首要分子；拐卖妇女、儿童三人以上的；以出卖为目的，使用暴力、胁迫或者麻醉方法绑架妇女、儿童的；以出卖为目的，偷盗婴幼儿的；造成被拐卖的妇女、儿童或者其亲属重伤、死亡或者其他严重后果的；将妇女、儿童卖往境外的。

155. 父母离异，被收养的小孩何去何从？

根据我国《民法典》第1111条的规定，自收养关系成立之日起，养父母与养子女间的权利义务关系，适用本法关于父母子女关系的规定；养子女与养父母的近亲属间的权利义务关系，适用本法关于子女与父母的近亲属关系的规定。因此，养父母与养子女的收养关系一经成立，二者就当然地形成了父母与子女之间的权利义务关系。即便父母离婚，只要收养关系未解除，这种父母子女之间的权利义务关系仍然持续存在。而离婚后小孩的归属，可以比照《民法典》关于父母与子女的规定。根据《民法典》的相关规定，养父母离异后，对于未成年或不能独立生活的养子女，养父母仍有抚育的义务。

夫妻离婚后，收养小孩的抚养问题是现实生活中比较容易发生冲突的，离婚的双方可能因为各种原因而拒绝抚养收养的小孩。但是，养父母离异并不会导致收养关系的自然解除，主要原因是：第一，自收养关系成立之日起，养父母与养子女之间的关系适用法律关于父母子女之间关系的规定，除非收养关系解除，这种义务不因离婚或者对方再婚而消灭。第二，收养人在被收养人成年以前，一般情况下不得解除收养关系，但是收养人、送养人双方协议解除的除外，养子女年满 8 周岁以上的还应征得本人同意。在遇到类似情况时，与孩子共同生活的一方应先尽可能与另外一方协商，在对方明确拒绝履行义务时，及时拿起法律武器维护自己与孩子的合法利益。

156. 被他人收养的子女还有义务赡养亲生父母吗？

根据我国《民法典》的相关规定，国家保护合法的收养关系，养父母和养子女间的权利和义务，适用《民法典》对父母子女关系的有关规定，同时，养子女和生父母间的权利和义务，因收养关系的成立而消除。从这些规定可见，只要子女与他人形成收养关系，子女与亲生父母间的权利和义务便不复存在。此处所说的收养关系成立之日，以办理收养登记为准。也就是说，被他人收养的子女与养父母办理了收养登记后，其收养关系即得到法律确认，同时子女与生父母之间的权利义务关系即告消灭。生父母无须承担对未成年子女的抚养义务，子女成年后亦无赡养生父母的义务。养父母为维护自己的权益，应注意及时办理收养登记手续。经法律确认后的收养关系方能得到法律的充分保护。

157. 子女被收养后，还有权分割亲生父母的财产吗？

养子女与养父母的收养关系成立后，养子女与生父母以及其他近亲属之间的权利义务关系即随之消除，生父母对被收养的子女不再有抚养教育的义务，养子女对生父母也没有赡养扶助的义务，相互之间遗产继承的权利亦即不复存在。所以，被收养人可以继承养父母遗产，但不再是生父母遗产的继承人。

然而，在一些特殊情况下，被收养人被送养后，由于与生父母存在血缘和亲情关系，还常常会去照顾生父母的生活。此时根据我国《民法典》等相关法律规定，被收养人除继承养父母的遗产外，也可以适当继承生父母的部分遗产。

目前，我国《民法典》及相关法律、法规对被收养子女能否继承亲生父母的遗产这一问题，规定得较为明确，遇到类似案情时，当事人应对以下两点予以明确：

第一，原则上，收养关系成立之日起，养子女与生父母之间的权利义务关系即告终止。除生父母对未成年子女的抚养义务、成年子女对生父母的赡养义务外，生父母与子女之间的法定继承关系也同时终止。

第二，被收养人对养父母尽了赡养义务，同时又对生父母扶养较多的，除可继承养父母的遗产外，是可以适当分得生父母遗产的。但此时应注意，此处被收养人并非以生父母的法定继承人身份分得遗产，并不具有同其他法定继承人同等的继承权。

法律保护合法成立的收养关系，同时也考虑到公共秩序和善良风俗，鼓励被收养的子女对生父母进行扶养。但被收养人并未赡养生父母而主张继承遗产的请求，在法律上并无根据。

158. 如何解除收养关系？

根据《民法典》的规定，有下列情形之一的，可以解除收养关系：（1）养父母与成年养子女关系恶化，无法共同生活的；（2）收养人不履行抚养义务，有虐待、遗弃等侵害未成年养子女合法权益行为的；（3）送养人行使对养父母子女关系的解除权的；（4）因养子女成年后，虐待、遗弃养父母的。养子女年满8周岁的应征得本人同意。被收养人仍未成年的，收养人不得解除收养关系。但收、送养双方协议解除的除外。

根据当事人对解除收养关系是一致还是相反的态度，需要分不同情形用不同的方式解除收养关系。

1. 协议解除收养关系的情形

（1）在养子女成年以前：解除收养须征得收养人和送养人同

意。双方在解除收养的问题上，意思表示完全一致。养子女年满8周岁以上的，还应征得本人同意。8周岁以上的未成年人已有部分民事行为能力，对解除收养的意义和后果，是有一定的识别能力的。是否解除收养，事关该子女的切身利益，取得其同意是完全必要的。

（2）在养子女成年以后：解除收养关系须征得收养人和被收养人即该养子女的同意，双方在解除收养的问题上，意思表示完全一致，无须以原送养人的同意为解除收养关系的必要条件。协议解除收养关系的，当事人应就解除后的财产和生活问题一并达成协议。我国《民法典》第1116条规定："当事人协议解除收养关系的，应当到民政部门办理解除收养关系登记。"当事人应当持居民户口簿、居民身份证、收养登记证和解除收养关系的书面协议，共同到被收养人常住户口所在地的收养登记机关办理解除收养关系登记，收养登记机关收到解除收养关系登记申请书及有关材料后，应当自次日起30日内进行审查；对符合收养法规定的，为当事人办理解除收养关系的登记，收回收养登记证，发给解除收养关系证明。

2. 诉讼程序解除收养关系的情形

（1）收养人不履行抚养义务，有虐待、遗弃等侵害未成年养子女合法权益行为的，送养人要求解除养父母与养子女的收养关系，但送养人与收养人不能达成解除收养关系协议的，送养人可以向人民法院提起诉讼。

（2）养父母与成年养子女关系恶化，无法共同生活的，养父母与成年养子女不能达成解除收养关系协议的，双方均可以向人民法院起诉解除收养关系。

第七章

CHAPTER 7

反家庭暴力

159. 父母可以对子女进行体罚教育吗？

家长作为未成年人的监护人，应保障未成年人身体健康，照顾其日常生活，管理和保护其财产，代理未成年人进行民事活动，并依法代理其进行诉讼等，不得以暴力方式危害未成年人的身心健康。

我国《未成年人保护法》规定，父母或者其他监护人有义务学习家庭教育知识，正确履行监护职责，抚养教育未成年人。为了更好地明确监护人的职责，我国《反家庭暴力法》首次以法律的形式明确规定监护人有义务“以文明的方式”进行家庭教育，进一步明确了国家对家庭教育方式的法律规定。因此，父母应采取文明的教育方式对孩子进行教育，采用体罚的方式不仅不符合法律的规定，还可能会适得其反。

160. 经常遭受子女谩骂，是否构成家庭暴力？

对于家庭暴力的认定，《婚姻法司法解释（一）》给出了明确的解释：行为人以殴打、捆绑、残害、强行限制人身自由或者其他手段，给其家庭成员的身体、精神等方面造成一定伤害后果的行为。

在现实生活中，很多人对家庭暴力的概念仍局限于殴打被害人，对其身体造成侵害的行为，而对其精神上遭受的侵害则关注不多，或者不认为这是违法行为，然而，《反家庭暴力法》首次以法律形式明确将经常性谩骂、恐吓等实施精神侵害的行为认定为家庭暴力，更加明确了家庭暴力的认定标准。《反家庭暴力法》第 2 条规定，本法所称家庭暴力，是指家庭成员之间以殴打、捆绑、残害、限制人身自由以及经常性谩骂、恐吓等方式实施的身体、精神等侵害行为。

《反家庭暴力法》首次以立法的形式将精神侵害列入家暴的行列，这是我国立法上的一大突破。自此，当事人在遭受谩骂、恐吓等精神侵害时，可以依法维权。而且，对家庭成员以外共同生活的人之间实施的暴力行为，同样适用《反家庭暴力法》的相关规定，这意味着同居关系人之间发生的暴力行为也被纳入家庭暴力范畴，同样受法律约束。

161. 什么是家庭暴力强制报告制度?

《反家庭暴力法》第 14 条规定了家庭暴力强制报告制度,学校、幼儿园、医疗机构、居民委员会、村民委员会、社会工作服务机构、救助管理机构、福利机构及其工作人员在工作中发现无民事行为能力人、限制民事行为能力人遭受或者疑似遭受家庭暴力的,应当及时向公安机关报案。

未成年人由于受亲情影响和本身能力所限,在发生家庭暴力后,极少对施暴人的家暴行为进行报案。强制报告制度的出台,是及时发现未成年人受到家庭暴力、为其提供保护的关键途径。强制报告制度不是针对所有家庭暴力,而是针对某些特定人群,即无民事行为能力人和限制民事行为能力人。强制报告制度不仅要求对遭受家庭暴力的无民事行为能力人和限制民事行为能力人的情形进行报告,对疑似遭受家庭暴力的情况也要向公安机关报案。只要报告人是出于保护受害人权益的正当目的,即使报告有误,也不能追究其法律责任。

家庭暴力的受害人大多是在家庭中居于弱势地位的妇女、儿童、残疾人和老年人等,加害人有时就是受害人的法定代理人。因此,为加强对家庭暴力受害人的保护,将“近亲属”纳入家庭暴力投诉、反映和求助的主体,对制止家庭暴力具有非常现实的意义。

162. 亲生母亲虐待儿女，奶奶可以要求撤销母亲的监护资格吗?

我国《民法典》规定，监护人应当按照最有利于被监护人的原则履行监护职责，保护被监护人的人身、财产及其他合法权益。监护人不履行监护职责或者侵害被监护人的合法权益的，人民法院可以根据有关个人或者组织的申请，撤销监护人的资格。这里的“有关个人和组织”包括其他依法具有监护资格的人，居民委员会、村民委员会、学校、医疗机构、妇女联合会、残疾人联合会、未成年人保护组织、依法设立的老年人组织、民政部门等。

同时，《未成年人保护法》第53条也规定：“父母或者其他监护人不履行监护职责或者侵害被监护的未成年人的合法权益，经教育不改的，人民法院可以根据有关人员或者有关单位的申请，撤销其监护人的资格，依法另行指定监护人……”

《反家庭暴力法》的出台，进一步明确规定了监护人实施家庭暴力，严重侵害被监护人合法权益的，人民法院可以根据申请依法撤销监护人的监护资格。

亲生母亲实施家庭暴力严重侵害了孩子合法权益，奶奶作为孩子的近亲属，可以依法向人民法院提出申请，撤销母亲的监护人资格。当然，如果母亲被依法撤销监护人资格，仍然应当继续负担子女的抚养费。

163. 家庭暴力情节较轻的，加害人会受到怎样的处罚？

我国《刑法》《治安管理处罚法》等法律对家庭暴力行为规定了刑事责任和行政责任，但是，刑事处罚和行政处罚的适用，往往要求家庭暴力达到一定的严重程度。这无形中助长了加害人有恃无恐的心理，导致越来越多家庭暴力行为的发生。针对这一问题，《反家庭暴力法》将轻微家庭暴力纳入告诫范围，为公安机关依法处理轻微家庭暴力行为提供了法律依据。该法规定，家庭暴力情节较轻，依法不给予治安管理处罚的，由公安机关对加害人给予批评教育或者出具告诫书。即对情节较轻、主动消除或减轻违法后果并取得受害人谅解、经公安机关调解达成协议等依法不予行政处罚的家庭暴力行为，由公安机关通过对加害人进行教育、警示，并送达书面家庭暴力告诫书，督促家庭暴力加害人改正违法行为。

告诫制度的出台告诉我们，轻微的家庭暴力也是违法行为，法律禁止一切形式、各种程度的家庭暴力。

164. 遭到丈夫口头威胁，妻子可以申请人身安全保护令吗？

虽然我国《民法典》《妇女权益保障法》《未成年人保护法》

都规定了“禁止实施家庭暴力”的条款，但都过于笼统，缺乏可实际操作的依据，很多受害人遭受伤害时只依靠笼统的规定是无法及时得到救助的。《反家庭暴力法》弥补了法律规定的这一漏洞。该法第23条第1款规定：“当事人因遭受家庭暴力或者面临家庭暴力的现实危险，向人民法院申请人身安全保护令的，人民法院应当受理。”如果妻子长期遭受丈夫的殴打，身心处于恐惧状态，符合申请人身安全保护令的法律要件，法院应依法对其作出保护。

人身安全保护令既可以由本人提出，也可以由其近亲属或者公安机关、妇女联合会、村民委员会、救助管理机构代为提出。人民法院在作出人身安全保护令时，应当有当事人遭受家庭暴力或者面临家庭暴力现实危险的情形，所以，申请人在向法院申请人身安全保护令时，应当提交有关证据材料，证明自己遭受了家庭暴力或面临家庭暴力的现实危险。比如，受伤害的照片、报警证明、证人证言、社会机构的相关记录或加害人带有威胁内容的信息等。

165. 申请人身安全保护令应向哪一级法院提出？

《反家庭暴力法》规定，人身安全保护令案件由申请人或者被申请人居住地、家庭暴力发生地的基层人民法院管辖。由此可见，人身安全保护令的申请，只能由基层人民法院管辖，中级人民法院、高级人民法院和最高人民法院不得接受申请。法律之所以作出如此规定，是因为我国基层人民法院数量最多，分布最广，也最贴近百姓生活。人身安全保护令不仅要便于受害人和其他申请人及时申请，也要便于管辖法院及时审查和调查了解情况。

设立人身安全保护令制度是为了保护家庭暴力受害人的权利，法律规定申请人或者被申请人居住地、家庭暴力发生地法院有管辖权，有利于及时保护受害人的合法权益不受侵害，制止继续发生施暴行为。

166. 申请人身安全保护令一定会被法院受理吗？

对于遭受家庭暴力或者面临家庭暴力现实危险的情形，申请人申请人身安全保护令的，应当提交有遭受家庭暴力或者面临家庭暴力现实危险的证据，这些证据可以是受伤害的照片、报警证明、证人证言、社会机构的相关记录，或者证明加害人带有威胁内容的手机短信等。《反家庭暴力法》规定，当事人因遭受家庭暴力或者面临家庭暴力的现实危险，才可以向人民法院申请人身安全保护令。所以，申请人申请人身安全保护令，应当向法院提交证据材料，证明自己遭受了家庭暴力或者面临家庭暴力的现实危险。而法院作出人身安全保护令，也需要符合相应的条件：（1）有明确的被申请人；（2）有具体的请求；（3）有遭受家庭暴力或者面临家庭暴力现实危险的情形。只有满足这些情形，法院才可以据此作出是否签发人身安全保护令的裁定，而不是仅凭当事人描述或想象。

167. 申请人身安全保护令后多长时间内能得到保护？

人身安全保护令是为保护申请人的人身安全而对被申请人采取的限制其一定行为自由的强制措施。相对于财产的查封、冻结等措施来说，家庭暴力的后果更为严重，且难以恢复，因此，《反家庭暴力法》将人身安全保护作了区分对待，即一般情况和紧急情况。一般情况下，人民法院应当在72小时内作出人身安全保护令或者驳回申请；情况紧急的，应当在24小时内作出。为了能够保护申请人与被申请人双方的合法权益，兼顾人民法院的工作负荷，法律对一般情况下与紧急情况下的人身安全保护令作出了区分，最大限度地使各方权益得到维护。

168. 遭到丈夫殴打，妻子可以申请法院将丈夫赶出家吗？

根据《反家庭暴力法》第29条的规定，人身安全保护令可以包括以下措施：禁止被申请人实施家庭暴力；禁止被申请人骚扰、跟踪、接触申请人及其相关近亲属；责令被申请人迁出申请人住所；保护申请人人身安全的其他措施。根据此条规定可知，遭到丈夫殴打，妻子可以申请法院将丈夫强制搬出住所，以保护自身人身安全。实践中，多是受害人为躲避不法侵害，搬离住所地到外面居住，而该法规定人身安全保护令可以责令被申请人迁出住所，体现了让施暴人承担不利后果的精神，进一步维护了家庭暴力受害人的合法权利。

169. 人身安全保护令有时效限制吗？

《反家庭暴力法》第30条规定，人身安全保护令的有效期不超过六个月，自作出之日起生效。人身安全保护令失效前，人民法院可以根据申请人的申请撤销、变更或者延长。

法律之所以对人身安全保护令作出时效限制，是为了更好地平衡申请人和被申请人之间的利益，如果人身安全保护令作出后无限期地有效，如果申请人已经不遭受家庭暴力或者不面临家庭暴力现实危险，又不积极行使撤销权撤销人身安全保护令，对被申请人显然是不公平的，因为被申请人一直要受人身安全保护令的约束，这样会不当限制其权利和正常生活，无疑不符合《反家庭暴力法》“维护平等、和睦、文明的家庭关系，促进家庭和谐、社会稳定”的立法目的。

至于申请人的在人身安全保护令失效后又遭受家庭暴力的担心，该法规定人身安全保护令可撤销、变更和延长。这也是立法者的平衡考虑。

170. 不服人民法院作出的人身安全保护令裁定，可以上诉吗？

根据《反家庭暴力法》的规定，申请人对人身安全保护令不服的，可以自裁定生效之日起五日内向作出裁定的人民法院申请复议一次。

法律之所以规定申请人或者被申请人对于裁定不服的，只能复议而不是上诉，是基于《民事诉讼法》的规定。最高人民法院的判决、裁定，以及依法不准上诉或者超过上诉期没有上诉的判决、裁定，是发生法律效力的判决。一旦当事人对一审判决、裁定不服提起上诉，原判决、裁定就不发生法律效力，须等到二审判决、裁定生效后才能执行保护令，这显然与人身安全保护令制度及时、迅速保护家庭暴力受害人的立法目的相悖，不能及时保护受害人免遭不法侵害。复议期间不停止裁定的执行，可以避免复议申请人利用复议程序拖延或者规避人身安全保护令的执行，发挥保护令迅速、及时保护受害人的功能。

如果申请人作为家庭暴力受害人提起复议，复议期间申请人应当受到人身安全保护令的保护，被申请人应当遵守保护令的规定，如果违反人身安全保护令的规定，将受到训诫、罚款、拘留等处罚，情节严重的，构成拒不执行判决裁定罪，要依法承担刑事责任。

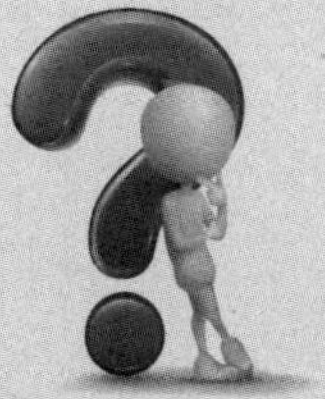

第八章

CHAPTER 8

遗产继承

171. 法律规定的继承方式有哪些?

我国《民法典》第1123条对继承的方式作出了明确的规定:继承开始后,按照法定继承办理;有遗嘱的,按照遗嘱继承或者遗赠办理;有遗赠扶养协议的,按照协议办理。由此可知,继承的方式主要有法定继承、遗嘱继承、遗赠三种。

法定继承,是指按照法律规定的继承人的范围、先后顺序和遗产分配原则而发生的继承关系。遗嘱继承,是指定由法定继承人中的一人或数人继承遗产。遗赠继承即指定法定继承人以外的人继承遗产。

如果有合法有效的遗嘱,首先应当遵照遗嘱处理遗产,就不存在法定继承的问题。在被继承人没有对其遗产的处理立有遗嘱的情况下,才由法律直接规定继承人的范围、继承顺序和遗产分配原则。

172. 父母对外的债权属于遗产吗？

情景再现

李婶儿今年已经80岁高龄，老伴多年前因病去世。李婶儿与老伴多年积蓄有存款50万元，老屋一套价值约400万元。另外还有借出去的外债总计30万元。随着年纪的增大，李婶儿身体状况越来越不行，不久，李婶儿与世长辞。李婶儿生前没有将借出去外债30万元的情况告诉孩子们，子女在整理老人遗产时发现了借条总计30万元，列明了借款期限、借款人、借款用途等，兄弟姐妹几个认为这30万元的债权也属于李婶儿的遗产，为此，李婶儿的子女决定讨回此30万元的借款，并公平分配。

法律分析

我国《民法典》第1122条规定了遗产的具体范围，遗产是自然人死亡时遗留的个人合法财产。同时，《最高人民法院关于贯彻执行〈中华人民共和国继承法〉若干问题的意见》（以下简称《继承法若干意见》）第3条规定，公民可继承的其他合法财产包括有价证券和履行标的为财物的债权等。

《民法典》对于遗产的具体范围作了界定，但是并不全面，因此对遗产范围的具体确定，要综合参照《继承法若干意见》的具体规定。一般属于被继承人合法财产以及财产权益范畴，只要法律无其他特别例外规定，就可以认定为被继承人的遗产。

173. 人身保险金属于遗产吗？

情景再现

李先生是一个企业的负责人，收入颇丰，他为自己投了一份人身保险，以防万一，并指定了母亲为保险受益人。在一次出差过程中，李先生遭遇车祸不幸身亡。后保险公司依据保险合同向李先生的母亲支付了120万元的保险金。事后不久，李先生的妻子提出，该保险金属于李先生的遗产，应当按照遗产分配规则来处理。但是李先生的母亲认为依据保险合同，受益人是她本人，因此只能是由她来享有保险金。双方为此争执不休，遂诉至法院。

法律分析

因为人身保险金属于人身保险合同约定的合同内容，因此可以适用《保险法》的相关规定。《保险法》第42条第1款规定："被保险人死亡后，有下列情形之一的，保险金作为被保险人的遗产，由保险人依照《中华人民共和国继承法》的规定履行给付保险金的义务：（一）没有指定受益人，或者受益人指定不明无法确定的；（二）受益人先于被保险人死亡，没有其他受益人的；（三）受益人依法丧失受益权或者放弃受益权，没有其他受益人的。"在这些情况下，保险金应当作为被保险人的遗产。

《最高人民法院关于保险金能否作为被保险人遗产的批复》也规定："人身保险金能否列入被保险人的遗产，取决于被保险人是否指定了受益人。指定了受益人的，被保险人死亡后，其人身保险金应付给受益人；未指定受益人的，被保险人死亡后，其人身保险金应作为遗产处理，可以用来清偿债务或者赔偿。"这就为人身保险金是否一定属于遗产的争议问题，作出了进一步的解答。

本案中，李先生购买人身保险的时候，明确将自己的母亲指定为受益人，因此根据法律规定，该保险对应的人身保险金归李先生的母亲所有，不能作为李先生的遗产来处理。故李先生的妻子要求将该人身保险金作为遗产来处理于法无据，不能得到法院的支持。

174. 既有遗赠扶养协议，又有遗嘱，继承该如何进行？

情景再现

孙大爷和张奶奶育有一女，女儿大学本科毕业后出国深造并在美国定居。二老相依为命，后他们以自己年老体弱多病、身边又没有亲人为由，共同与居民委员会签订了遗赠扶养协议：由居民委员会照顾他们的日常生活并负责二老去世后的安葬。二老共有的位于市中心的楼房一套，在他们去世后归居民委员会所有。女儿婚后虽未负担二老的全部生活费用，但也会回来探望他们。后二老相继离世，居民委员会负责安葬等后事。后女儿回国发展，准备出卖父母留下的楼房。居民委员会认为，女儿的行为违反了其父母与居民委员会签订的协议，而她则拿出母亲生前所写遗嘱，遗嘱中称其死后一切遗产均归其女儿。双方争执不休，居民委员会遂向法院提起诉讼，要求法院确认居民委员会与二老所签订的遗赠扶养协议的效力。

法律分析

我国《民法典》第1123条规定，继承开始后，按照法定继承办理；有遗嘱的，按照遗嘱继承或者遗赠办理；有遗赠扶养协议的，按照协议办理。从条文意思可以看出，遗赠扶养协议的效力先于遗嘱。现实生活中，遗赠扶养协议、遗嘱并存的现象时有发生，在发生冲突的时候，应该是遗赠扶养协议优先，之后才是遗嘱，遗嘱和遗嘱扶养协议没有涉及的，最后由法定继承来解决。

本案中，因孙大爷和张奶奶签订了遗赠扶养协议，居委会按照约定履行了自己的义务，因此二老共有的位于市中心的楼房应归居委会所有。虽然女儿有二老的遗嘱，但只要遗赠扶养协议是合法有效的，遗赠扶养协议的效力就优于遗嘱，故女儿不能依照遗嘱来继承二老的房屋。

175. 相互有继承关系的几个人在同一事件中死亡，继承如何进行？

情景再现

李先生事业有成，是一家企业的老板。父亲80岁大寿本是个喜庆的日子，于是李先生出钱请父母、兄弟姐妹及部分子女等一同到外地旅游庆祝。为了方便一家子的出行，李先生请专人精心设计路线并租用专门的豪华旅游巴士全程服务。然而不幸的是，途中发生泥石流，整车颠覆，全车人全部罹难，无一幸免。在清理遗产并进行分配过程中，家人中没有参加旅游而幸免的请了律师来提供专业服务，处理继承事宜。

法律分析

《民法典》第1121条规定，相互有继承关系的数人在同一事件中死亡，难以确定死亡时间的，推定没有其他继承人的人先死亡。都有其他继承人，辈分不同的，推定长辈先死亡；辈分相同的，推定同时死亡，相互不发生继承，由他们各自的继承人分别继承。几个相互有继承关系的人在同一事件中死亡的，通常都无法确定死亡的先后顺序，根据《民法典》第1121条的规定，可以有效避免继承纠纷的产生，有利于继承纠纷的顺利解决。

176. 子女虐待父母的，还有继承权吗？

情景再现

周大爷今年已经80多岁，老伴已去世多年，周大爷与老伴育有两个儿子。大儿子从小学习成绩优异，大学毕业以后进入世界五百强公司工作，并很快成为高管，工作较为繁忙，但是会经常来看望周大爷。小儿子生性调皮，叛逆心很重，从小就不让父母省心，高中毕业后参军入伍，复员后一直游手好闲，同周大爷住在一起，兄弟俩商议由小儿子照顾周大爷的饮食起居，大哥负责大部分费用。小儿子没有收入来源，经常向周大爷要钱，动不动就对周大爷非打即骂，还经常不给老人饭吃。但是大哥对此并不知情，周大爷也不好给大儿子说明这些情况，总觉得自己已经年老不愿再给大儿子添麻烦。周大爷去世后留有房屋两套，存款 40 万元。在遗产分配过程中，大儿子从街坊口中得知弟弟的各种行径，悔恨不已的同时对弟弟恨之入骨，坚持不让弟弟分配老人留下的遗产，兄弟俩为此闹至法院。

法律分析

根据《民法典》第 1125 条的规定，继承人有下列行为之一的，丧失继承权：（1）故意杀害被继承人；（2）为争夺遗产而杀害其他继承人；（3）遗弃被继承人，或者虐待被继承人情节严重；（4）伪造、篡改、隐匿或者销毁遗嘱，情节严重；（5）以欺诈、胁迫手段迫使或者妨碍被继承人设立、变更或者撤回遗嘱，情节严重。继承人有前款第 3 项至第 5 项行为，确有悔改表现，被继承人表示宽恕或者事后在遗嘱中将其列为继承人的，该继承人不丧失继承权。

虐待被继承人的，是否当然地丧失继承权，法院还是要综合认定，只有达到情节严重的地步，才会导致继承权的丧失。

但是如果虐待真实存在，该继承人会被法院判定少分遗产。从法律层面上讲，赡养父母是子女的法定义务。从道德层面上讲，孝顺父母是社会正义的具体要求。子女应认真履行赡养父母的法定义务，传递社会正能量。

本案中，弟弟有虐待老人的情形，但是否丧失继承权要视情节而定，如果他虐待老人的情节严重，就会丧失继承权；如果情节没有到非常严重的程度，则会被判定少分遗产。

177. 子女伪造遗嘱的，还有继承权吗？

情景再现

李大爷今年已经80多岁，老伴已去世多年，李大爷与老伴育有两个孩子，一儿一女。女儿从小学习成绩优异，大学毕业以后找到了不错的工作成为白领阶层。虽然工作较为繁忙，但是女儿会经常来看望李大爷，料理家务。儿子生性调皮，叛逆心很重，从小就不让父母省心，高中毕业后就踏入社会，工作不固定还有些游手好闲，一直与李大爷住在一起，但是平时李大爷的生活费用基本上都是女儿承担。李大爷去世后留有房屋两套，存款50万元，生前并未立遗嘱对遗产进行分配。在遗产分配过程中，儿子伪造遗嘱，将两套房屋全部列为己有，存款转移隐瞒，致使姐姐不能分到任何财产。后经亲朋好友街坊邻居支持，姐弟俩将此事交由法院裁决。案件处理过程中，经鉴定，确认遗嘱属儿子造假所为。

法律分析

根据《民法典》第1125条的规定，继承人有下列行为之一的，丧失继承权：（1）故意杀害被继承人的；（2）为争夺遗产而杀害其他继承人的；（3）遗弃被继承人，或者虐待被继承人情节严重的；（4）伪造、篡改、隐匿或者销毁遗嘱，情节严重的；（5）以欺诈、胁迫手段迫使或者妨碍被继承人设立、变更或者撤回遗嘱，情节严重的。本案中李大爷的儿子伪造遗嘱的行为属于上述第（4）种情形，根据法律规定会导致其继承权的丧失。

178. 法定继承的继承人有哪些？

情景再现

张大爷今年已经80岁高龄，老伴多年前因病去世。张大爷有七个子女，其中三个女儿四个儿子，均已成家并都有各自的子女。张大爷早年积蓄尚有存款80万元，房屋三套价值合计约1000万元。随着年纪的增长，张大爷身体状况越来越不行，几个子女商议轮流照顾，私底下也商议着老人后事的办理以及去世后遗产的处理，但是协商得不是很顺利，兄弟姐妹之间也产生了隔阂。为此，知情后的张大爷决定依照法律规定来处理去世后的遗产分配问题。张大爷找到一家律师事务所寻求律师的帮助，主要了解根据法律的规定，自己去世后遗产具体由哪些人参与继承。

法律分析

我国《民法典》第1127条规定，遗产按照下列顺序继承：第一顺序：配偶、子女、父母。第二顺序：兄弟姐妹、祖父母、外祖父母。继承开始后，由第一顺序继承人继承，第二顺序继承人不继承；没有第一顺序继承人继承的，由第二顺序继承人继承。《民法典》所说的子女，包括婚生子女、非婚生子女、养子女和有扶养关系的继子女。所说的父母，包括生父母、养父母和有扶养关系的继父母。所说的兄弟姐妹，包括同父母的兄弟姐妹、同父异母或者同母异父的兄弟姐妹、养兄弟姐妹、有扶养关系的继兄弟姐妹。

本案中，张大爷的老伴已去世多年，因此第一顺位的继承人是他的七个儿女，并且在法定继承的情况下，七个儿女通常是平均分配老人的遗产。如果七个儿女中，部分儿女对老人没有尽到赡养义务，可以少分；虐待老人情节严重的，甚至会丧失继承权。

179. 法定继承的继承顺序是怎样的?

情景再现

孙先生是一家私营企业老总，生意做得很大，家财万贯，但是其在一次车祸中遭遇不幸，经抢救无效去世。孙先生父亲健在，母亲去世但是外婆健在，孙先生与太太育有两个女儿一个儿子，均已成家并育有子女，大女儿因为急性癌症早年已去世，孙先生还有三个弟弟一个妹妹，孙先生生前并未立下任何遗嘱。在孙先生下葬以后，家人对于其巨额遗产的分配争执不休，都想分一杯羹，后闹至法院，请法院依法裁决。

法律分析

我国《民法典》第1127条规定，遗产按照下列顺序继承：第一顺序：配偶、子女、父母。第二顺序：兄弟姐妹、祖父母、外祖父母。继承开始后，由第一顺序继承人继承，第二顺序继承人不继承；没有第一顺序继承人继承的，由第二顺序继承人继承。第一顺序、第二顺序继承人是指法定继承遗产的继承顺序，依照法律规定，继承开始后，由第一顺序继承人继承，第二顺序继承人不继承。没有第一顺序继承人继承的，由第二顺序继承人继承。

所以，本案中，依照法律规定，孙先生的第一顺序继承人有妻子、父亲、小女儿及儿子，第二顺序继承人有三个弟弟、一个妹妹及外婆，因存在第一顺序的继承人，因此三个弟弟、一个妹妹及外婆作为第二顺序继承人没有继承的权利。

需要特别说明的是，虽然孙先生大女儿去世了，但是根据《民法典》第1128条的规定，被继承人的子女先于被继承人死亡的，由被继承人的子女的直系晚辈血亲代位继承。被继承人的兄弟姐妹先于被继承人死亡的，由被继承人的兄弟姐妹的子女代位继承。代位继承人一般只能继承被代位继承人有权继承的遗产份额。代位继承人一般只能继承他的父亲或者母亲有权继承的遗产份额，因此孙先生大女儿的子女可以“代位继承”大女儿有权从孙先生那里继承的遗产份额。通常情况下，孙先生的遗产先按照妻子、父亲、大女儿、小女儿、儿子均分为5份，大女儿的那份又由大女儿的子女平均分配。

180. 非婚生子女是否有继承权？

情景再现

周先生与太太早年一直没能生育孩子，因担心家产后继无人，在夫妇俩协商一致的情况下，周先生与另外一名女性生育了一子。后经过多方寻医问药，周太太顺利怀孕并产下一子。兄弟俩感情一直非常要好。后周先生因出差飞机失事，不幸去世，在遗产处理过程中，周太太私欲膨胀，认为大儿子并非自己所生，不是婚生子女，不享有合法的继承地位，遂不让大儿子参与遗产分配。后大儿子的亲生母亲不服，代儿子诉至法院，请求讨回公道。

法律分析

根据《民法典》第1127条之规定，该法所说的子女，包括婚生子女、非婚生子女、养子女和有扶养关系的继子女。因此，非婚生子女也属于继承法规定的“子女”的范畴，并且是第一顺序继承人。婚生子女是男女双方在依法确立婚姻关系后所生育的子女，而非婚生子女则是在依法确立婚姻关系前或婚外行为所生的子女。婚生子女与非婚生子女，虽然在出生形式上因合法婚姻与否而有所不同，但其法律地位却是相同的，承担相同的权利和义务。

本案中，周先生的大儿子虽是非婚生子女，但是依照法律规定，其法律地位与小儿子平等，大儿子完全可以作为周先生遗产的第一顺序继承人，继承周先生的遗产。

181. 养子女是否有继承权？

情景再现

常女士是一家私营企业老总，是位名副其实的女强人，生意做得很大。常女士与丈夫早年一直没能生育孩子，因担心家产后继无人，夫妇俩协商一致后到福利院领养了一个男孩，夫妻俩对这个孩子关怀备至，视如己出。后常女士因遭遇车祸，不幸去世，在遗产处理过程中，常女士的丈夫认为儿子与夫妻俩均没有任何血缘关系，不享有合法的继承地位，遂不让其参与遗产分配。后儿子在福利院以及居民委员会的支持协助下，诉至法院，申请讨回公道。

法律分析

根据《民法典》的相关规定，自收养关系成立之日起，养父母与养子女间的权利义务关系，适用法律关于父母子女关系的规定；养子女与养父母的近亲属间的权利义务关系，适用法律关于子女与父母的近亲属关系的规定。虽然养子女与养父母没有血缘关系，但其法律地位与亲生子女却是相同的，承担相同的权利和义务。根据《民法典》第1127条之规定，该法所说的子女，包括婚生子女、非婚生子女、养子女和有扶养关系的继子女。养子女虽然不是婚生子女，但是属于继承法规定的“子女”的范畴，并且是第一顺序继承人。

本案中，虽然儿子是常女士夫妇收养的，但是根据法律规定，养子女与亲生子女在法律地位上是平等的，因此儿子可以作为第一顺序继承人继承常女士的遗产。

182. 被继承人的子女先于被继承人死亡的，该如何处理？

情景再现

张大娘今年已经80岁高龄，老伴多年前因病去世。张大娘与老伴多年积蓄有存款50万元，老屋一套价值约500万元。张大娘育有子女三人，两个女儿和一个小儿子。几年后，张大娘与世长辞。张大娘生前立下遗嘱对遗产即存款50万元和房屋一套进行分配。张大娘的三个子女均已成家并都有各自的子女，大女儿因患白血病早些年去世，育有一子由其丈夫抚养。小女儿和儿子在张大娘遗产分配过程中，认为大姐虽然是第一顺序继承人，但过世多年，因此遗产应当由二人分配即可。可大女儿丈夫认为依照法律规定，自己的儿子可以行使代位继承权，为此诉至法院。

法律分析

根据《民法典》第1128条的规定，被继承人的子女先于被继承人死亡的，由被继承人的子女的直系晚辈血亲代位继承。

该条就是代位继承的相关规定。代位继承是和本位继承相对应的一种继承制度，是法定继承的一种特殊情况。它是指被继承人的子女先于被继承人死亡时，由被继承人子女的晚辈直系血亲代替先死亡的长辈直系血亲，继承被继承人遗产的一项法定继承制度，又称间接继承、承租继承。先于被继承人死亡的继承人，称被代位继承人。代替被代位人继承遗产的人称代位继承人。代位人代替被代位人继承遗产的权利，称代位继承权。

本案中，大女儿先于张大娘去世，但是大女儿育有一子，根据法律规定，大女儿是被代位继承人，大女儿的儿子作为代位继承人享有代位继承权，可以从张大娘的遗产中继承大女儿依法能够继承的份额。

183. 继子女是否可以同时继承继父母和生父母的遗产？

情景再现

小红今年15岁，身世有些特殊。小红的亲生父母在她8岁的时候因为感情不和离婚，她跟随母亲生活，后母亲改嫁，她与继父和母亲一同生活，继父与母亲婚后生育了一个妹妹，但是继父对小红仍然关怀有加。小红的亲生父亲在离婚后也重新组建了家庭，且与其继母生育了一个弟弟。小红的亲生父亲与继父是同一个化工厂的同事，在一次生产事故中化工厂发生爆炸，亲生父亲与继父都不幸罹难。在处理遗产的时候，继母认为小红继承了继父遗产以后便不能再继承亲生父亲的遗产。小红母亲认为这个观点于法无据，遂诉至法院请求公正裁决。

法律分析

根据《民法典》第1072条的规定，继父或者继母和受其抚养教育的继子女间的权利义务关系，适用本法关于父母子女关系的规定。由此可知，继子女继承了继父母遗产的，不影响其继承生父母的遗产。

继子女继承继父母遗产的关键就是他们之间是否形成了扶养关系，只有在继子女受到继父母的扶养或扶助时，继子女才有继承权。根据有关法律规定，继子女与继父母间的继承关系确定的具体条件有以下几个：（1）继子女受继父母经济上的供养；（2）继子女受继父母生活上的扶养、教育；（3）继子女在经济上供养继父母；（4）继子女在生活上扶助继父母。

本案中，小红继承了继父的遗产后，依然享有继承亲生父亲遗产的权利，小红继母的说法于法无据，不能得到法院的支持。

184. 养子女与亲生子女之间是否可以互相进行继承？

情景再现

张先生和哥哥的感情一直非常要好。张先生是父母亲生的，哥哥则是父母早年间领养的。两人父母早已离世，兄弟俩相依为命。张先生比较有商业头脑，经营了若干家企业，一直单身未婚。后来张先生查出患有白血病，不幸离世。对于张先生遗产的处理，本来哥哥认为自己继承没有什么大碍，可是祖父站出来声称，哥哥并不是张家的亲生骨肉，不能将家产拱手相让，为此诉至法院，请求公正裁决。

法律分析

根据《民法典》的相关规定，自收养关系成立之日起，养父母与养子女间的权利义务关系，适用法律关于父母子女关系的规定；养子女与养父母的近亲属间的权利义务关系，适用法律关于子女与父母的近亲属关系的规定。故，养兄弟姐妹的关系适用法律关于兄弟姐妹的规定，养兄弟姐妹与亲生兄弟姐妹在法律地位上是平等的。我国《民法典》第1127条规定，该法所说的兄弟姐妹，包括同父母的兄弟姐妹、同父异母或者同母异父的兄弟姐妹、养兄弟姐妹、有扶养关系的继兄弟姐妹，依法享有继承权。

所以，本案中，兄弟俩虽没有血缘关系，但是在法律上是养兄弟姐妹的关系，法律地位与亲生兄弟姐妹相同，彼此可以作为第二顺序的继承人，在没有第一顺序继承人的情况下，可以相互继承。因而哥哥可以作为第二顺序继承人，继承弟弟的遗产。

185. 丧偶儿媳、女婿是否享有继承权？

情景再现

宋大娘有两个儿子一个女儿，大儿子早年病逝，但是大儿媳妇一直非常孝顺，不仅没有改嫁，宋大娘生前还一直与大儿媳妇生活在一起，饮食起居全靠大儿媳妇照料。宋大娘生前立下遗嘱，自己跟已经去世的老伴当年购买的房屋留给大儿媳妇，存款中的10万元也分给大儿媳妇作为大儿子孩子的读书钱，存款小儿子和女儿各得20万元。在遗产继承过程中，小儿子和女儿心生不平，起诉到法院，要求法院判定大儿媳妇不享有继承权。

法律分析

我国《民法典》第1129条规定，丧偶儿媳对公婆，丧偶女婿对岳父母，尽了主要赡养义务的，作为第一顺序继承人继承遗产。在遗产继承过程中，继承人应当本着互谅互让、和睦团结的精神，协商处理继承问题。即使是第一顺序继承人，也要审查其是否对被继承人尽到了应尽的义务，若没有尽到或者有背道而驰的行径，少分甚至不分的情况也会发生。

本案中，宋大娘生前一直与大儿媳妇生活在一起，饮食起居全靠大儿媳妇照料，并且宋大娘生前立下的遗嘱也明确了房屋归大儿媳妇。大儿媳妇依法享有对房屋的继承权，小儿子和女儿的主张于法无据，不能得到法院的支持。

186. 遗嘱是否可以取消法定继承人的继承权？

情景再现

李婆婆丈夫多年前因罹患绝症去世，李婆婆一人把独子抚养长大。李婆婆对这唯一的儿子过分溺爱，儿子一直脾气暴躁，母子经常发生冲突，有时候儿子甚至对李婆婆大打出手。李婆婆本想儿子成家后，会对自己好些，没想到儿媳也是个狠角色，婆媳关系不和谐，儿子护着媳妇不说，对李婆婆更是变本加厉。李婆婆心灰意懒，遂独自居住，儿子儿媳几乎从没问过。

后来，李婆婆雇了小翠做保姆，照顾自己的饮食起居，并自愿与小翠签订遗赠扶养协议，约定小翠负责照顾李婆婆直至终老，并负责安葬等后事，李婆婆的所有存款及名下的房屋都归小翠所有，并取消李婆婆儿子的继承权利。李婆婆去世后，小翠获得了李婆婆的所有遗产，李婆婆儿子得知后找到小翠，以自己是李婆婆的唯一法定继承人且法定继承权利无法取消为由，要求小翠将李婆婆的遗产全部归还，小翠不依，遂闹至法院。

法律分析

根据《民法典》第1123条的规定，继承开始后，按照法定继承办理；有遗嘱的，按照遗嘱继承或者遗赠办理；有遗赠扶养协议的，按照协议办理。《民法典》规定的继承方式有三种：法定继承、遗嘱继承、遗赠。其中法定继承的效力最低，是在没有其他两种继承方式的情形下由法律设定的继承方式。

本案中，李婆婆的儿子虽然是唯一的法定继承人，但是因为其行径忤逆，李婆婆心灰意懒与小翠签订遗赠扶养协议并取消了他的继承权。小翠依照协议约定照料李婆婆生活起居且在其去世后负责安葬，依照扶养协议及法律规定，有权获得李婆婆的所有财产。

187. 遗嘱是否必须经过公证才有效?

按照《民法典》的规定，遗嘱有公证遗嘱、自书遗嘱、代书遗嘱、打印遗嘱、以录音形式立的遗嘱，以及遗嘱人在危急情况下口头立下的遗嘱。根据法律的规定，只有公证遗嘱才必须经过公证，其他形式的遗嘱只要符合法定要件，无须公证同样有效。

公证不是遗嘱生效的必需条件，但是经过公证机关公证的遗嘱在认定上、执行上会有很多便利之处，纠纷发生时也可以更快地化解。

188. 什么是遗嘱中的“特留份”？

情景再现

李大爷今年已经60岁，老伴多年前因病去世。李大爷有积蓄存款50万元，房屋一套价值约400万元。李大爷育有子女三人，两个儿子和一个女儿，都已成年。因为都无法陪伴在李大爷身边，子女协商后为李大爷请了一个保姆，照顾李大爷的日常起居。没想到，两人日久生情，保姆怀了李大爷的孩子。李大爷身体状况也越来越不行，出于对未出生孩子的担忧，他想提前订立一份遗嘱，以便安排好去世后遗产的分配。目前李大爷子女的情况是：大儿子、女儿家境不错，二儿子因为车祸导致残疾丧失劳动能力。李大爷如何订立遗嘱最为妥当？

法律分析

根据《民法典》第1141条的规定，遗嘱应当为缺乏劳动能力又没有生活来源的继承人保留必要的遗产份额。同时，《民法典》第1155条规定，遗产分割时，应当保留胎儿的继承份额。胎儿娩出时是死体的，保留的份额按照法定继承办理。

狭义的“特留份”制度主要指《民法典》第1141条规定的遗嘱的特留份，第1155条对胎儿的特留份是发生在遗产分割时才适用。在学术界，也有人主张广义“特留份”制度，即《民法典》其他条款规定的，涵盖尽了主要赡养义务的儿媳、女婿，生活有特殊困难的缺乏劳动能力的继承人，对继承人以外的依靠被继承人扶养的缺乏劳动能力又没有生活来源的人，或者继承人以外的对被继承人扶养较多的人，但是这三种情况主要是可以适当多分遗产，区别于狭义的特留份。

本案中，根据广义特留份的法律规定，李大爷的二儿子残疾丧失劳动能力，大儿子及女儿家境较好，因此二儿子可以适当地多分遗产。根据狭义特留份法律规定，李大爷的遗产应当合理预留一部分作为保姆怀上的孩子的继承份额。

189. 数份遗嘱的内容相抵触的，该如何处理？

情景再现

孙婶儿今年80岁了，老伴儿已去世多年。孙婶儿和老伴儿育有子女五人，三个儿子，两个女儿。大儿子和大女儿事业有成均在国外发展，但会抽空回来看望老人。孙婶儿老伴儿去世后，她就轮流在国内的两个儿子一个女儿家生活，每家生活两个月。孙婶儿有存款200万元，房屋三套，儿女对老人的财产都虎视眈眈。由于年老又不怎么记事儿，孙婶儿一共立下了六份遗嘱，每一份对财产的分割方式都不一样，其中四份还都经过了公证。孙婶儿去世后，兄弟姐妹几个为了遗产分割各执己见，都拿着自己所有的那份遗嘱主张权利，后诉至法院，请求裁决。

法律分析

根据《民法典》第1142条的规定，遗嘱人可以撤回、变更自己所立的遗嘱。立遗嘱后，遗嘱人实施与遗嘱内容相反的民事法律行为的，视为对遗嘱相关内容的撤回。立有数份遗嘱，内容相抵触的，以最后的遗嘱为准。自书、代书、打印、录音、口头遗嘱，不得撤销、变更公证遗嘱。在数份遗嘱中，经过公证的遗嘱依法效力高于其他未经公证的遗嘱，而在已经公证的遗嘱当中，应当以最后的遗嘱为准。根据法律规定和公序良俗，在进行遗产分割时，应当本着互谅互让、和睦团结的精神，协商处理继承问题。

所以，本案中，孙婶儿子女持有的六份遗嘱中，经过公证的四份遗嘱效力优于未公证的两份；在四份经过公证的遗嘱中，应当以时间最后的一份为准，以此作为孙婶儿遗产分割的依据。

190. 附义务受遗赠人如果不履行义务，该怎么处理？

情景再现

孙大爷和张奶奶育有一子，儿子大学本科毕业后出国深造并留在了英国工作且已成家。二老相依为命，儿子负责其生活费用，因不能在身边照料老人，儿子为他们请了保姆服侍。保姆照顾周到，后他们以自己年老体弱多病，身边又没有亲人为由，共同与保姆签订了遗赠扶养协议：由保姆照顾他们的日常生活并负责二老去世后的安葬。二老共有的位于市中心的一套楼房，在他们去世后归保姆所有。遗赠扶养协议签订以后，保姆对二老的照顾不再像以前那么细致，有时候甚至让二老饥一顿饱一顿的，动不动还对二老发脾气、恶语相向。二老后悔不已，想要撤销遗赠扶养协议，但是协议全部被保姆控制且拒不拿出，无奈之下二老来到法院请求法官帮助。

法律分析

遗赠扶养协议是法律规定的一种遗产处理方式，根据《民法典》第1144条的规定，遗嘱继承或者遗赠附有义务的，继承人或者受遗赠人应当履行义务。没有正当理由不履行义务的，经利害关系人或者有关组织请求，人民法院可以取消其接受附义务部分遗产的权利。

遗赠扶养协议是遗赠人和扶养人之间关于扶养人承担遗赠人的生养死葬的义务，遗赠人的财产在其死后转归扶养人所有的协议。遗赠扶养协议的特征为，遗赠是有偿的、相互附有条件的，体现了权利义务相一致的原则。如果协议约定的受遗赠人拒不履行相应的扶养义务，那么就丧失了接受遗赠的基础条件，在此情况下接受遗赠有违公平和诚实信用等基本原则，因此法律赋予了有关单位和个人撤销的权利。

本案中，因保姆不按遗赠扶养协议的约定照顾二老生活，孙大爷和张奶奶可以向人民法请求取消保姆接受遗产的权利。二老日后可以重新订立遗嘱来确定遗产的继承方式。若未订立遗嘱，则由法定继承人即两人的儿子继承。

191. 什么情况下遗嘱是无效的？

我国《民法典》对无效遗嘱进行了列举式的规定，该法第1143条规定，无民事行为能力人或者限制民事行为能力人所立的遗嘱无效，受欺诈、胁迫所立的遗嘱无效，伪造的遗嘱无效，遗嘱被篡改的，篡改的内容无效。

同时，《民法典》还针对各种不同类型的遗嘱确立了订立的必要条件，也规定了遗嘱应当对缺乏劳动能力又没有生活来源的继承人保留必要的遗产份额。订立遗嘱必须符合《民法典》对遗嘱要件、订立形式的规定，内容也应当符合法律法规的强制性规定，还必须符合诸如真实意思表示等原则性的规定。

192. 继承人明确表示放弃继承的，该如何处理？

情景再现

张大爷老伴儿多年前去世，张大爷共有三个女儿。张大爷与老伴儿多年积蓄有存款60万元，房屋二套价值共计300万元。张大爷生前没有立下遗嘱，因为年事已高加之身患重病，不幸离世。张大爷去世后，姐妹三人商议老人遗产的分配。大姐是企业的老总，家境很好，明确表示放弃继承张大爷的任何遗产，全部财产由两个妹妹合理分配即可。但是两个妹妹认为，父亲生前没有立下遗嘱，也没有签订任何遗赠协议，应当是通过法定继承的方式分割遗产，姐姐自然是必须参与分配的。

法律分析

根据《民法典》第1124条之规定，继承开始后，继承人放弃继承的，应当在遗产处理前，以书面形式作出放弃继承的表示；没有表示的，视为接受继承。继承人在遗产处理之前放弃继承权利的，这种放弃必须明确表示出来，如写一个书面材料，而且必须在遗产处理之前提出来，如果没有表示，则视为接受继承。

本案中，若大姐在遗产处理之前通过书面方式明确表示放弃对张大爷遗产的继承权，则全部遗产由两个妹妹继承。

193. 继承人没有参与遗产分配又未明确表示放弃继承的，该如何处理？

情景再现

李婶儿老伴儿多年前去世，李婶儿共有两个儿子。李婶儿与老伴儿多年积蓄有存款60万元，房屋二套价值共计300万元。李婶儿和老伴儿生前没有立下遗嘱，后因为年事已高加之身患重病，不幸离世。李婶儿去世后，弟弟一直想与身在外地的哥哥商议老人遗产的分配。哥哥是企业的老总，家境很好，他内心其实很想分得部分遗产，但是又觉得自己条件比弟弟好太多，不好直接回应，因此他对此事避而不谈，甚至有意闪躲。弟弟很无奈，不知道该怎么处理。

法律分析

根据《民法典》第1124条的规定，继承开始后，继承人放弃继承的，应当在遗产处理前，以书面形式作出放弃继承的表示。没有表示的，视为接受继承。继承人只有在遗产处理前明确表示了放弃继承才能认定为其真正地放弃，如果没有则应当视为接受继承，继承遗产时必须分配给其相应的份额。

如果已经将遗产处理，根据《最高人民法院关于继承开始时继承人未表示放弃继承遗产又未分割的可按析产案件处理问题的批复》，遗产应属所有合法的符合条件的继承人共同共有，如果他们之间为此发生诉讼，可按析产案件处理，并参照财产来源、管理使用及实际需要等情况，进行具体分割。

本案中，因为哥哥未明确表示放弃遗产继承权，弟弟不能因此全部继承老人的遗产，依然需要两兄弟共同合理分配遗产。

194. 夫妻一方去世时，夫妻共同财产中哪些部分属于去世方的遗产？

情景再现

张大爷和李婶儿共有三个子女，一个儿子两个女儿。老两口多年积蓄有80万元，面积和价值相当的房产两套。张大爷因为年事已高体弱多病，最终患癌症医治无效病逝，三个子女和李婶儿对遗产的分配各执己见。李婶儿认为老伴儿去世后，所有财产应当归自己所有，待自己去世后才将遗产由孩子们分配。儿子认为父亲留下的遗产应当归自己所有，对母亲的照顾自己可以负责。两个女儿认为自己照顾老人也没有问题，遗产分割她们也有份儿。多方僵持不下，李婶儿无奈诉至法院，请求法院公正裁决。

法律分析

根据《民法典》的相关规定，夫妻在婚姻关系存续期间所得的共同所有的财产，除有约定的以外，如果分割遗产，应当先将共同所有的财产的一半分出为配偶所有，其余的为被继承人的遗产。

遗产继承大多发生在家人与家人之间，继承人应当本着互谅互让、和睦团结的精神，协商处理继承问题。遗产分割的时间、办法和份额，由继承人协商确定。如果没有特别约定和法律的例外性规定，遗产继承必须依照法律规定来进行，任何人都不能只图一己私利而肆意为之。

本案中，张大爷和李婶儿的共同财产的一半，即现金 40 万元、房屋一套应归李婶儿所有，剩下的一半作为张大爷的遗产进行分割，李婶儿和三个子女均有继承权利，母子四人协商合理分配。若协商不一致，一般情况下应当将现金 40 万元均分成 4 份，每人享有 1 份即 10 万元；房屋一套四人共有，每人享有 1/4 的权益。综合下来，李婶儿应当分到 50 万元现金，1+1/4 套房产。

195. 遗嘱未处分的遗产应如何处理？

情景再现

吴大爷今年已经 80 多岁，老伴儿去世多年，吴大爷与老伴儿育有两个儿子。大儿子从小学习成绩优异，大学毕业以后跻身白领阶层，虽然工作较为繁忙，但是会经常来看望吴大爷。小儿子学了一门手艺之后也找到了稳定的工作。吴大爷眼看着自己的身体状况每况愈下，于是想订立一份遗嘱，待自己百年之后两个儿子好顺利地继承遗产。吴大爷有70万元存款（分两个存折，一个50万元，另一个20万元），一辆宝马汽车，两套房子。但是订立遗嘱的时候，吴大爷只记得自己50万元的存款、房子、车子，遗嘱里没有对剩下的20万元进行处理。吴大爷去世以后，兄弟俩整理父亲遗物的时候找到了20万元的存折，但是因为遗嘱没有对其进行处理，他们不知道该怎么办。

法律分析

根据我国《民法典》第1154条的规定，有下列情形之一的，遗产中的有关部分按照法定继承办理：（1）遗嘱继承人放弃继承或者受遗赠人放弃受遗赠；（2）遗嘱继承人丧失继承权或者受遗赠人丧失受遗赠权；（3）遗嘱继承人、受遗赠人先于遗嘱人死亡或者终止；（4）遗嘱无效部分所涉及的遗产；（5）遗嘱未处分的遗产。可见，本案中，吴大爷的遗嘱中未处分的遗产应当按照法定继承来处理。

《民法典》规定了遗产继承方式主要有法定继承、遗嘱继承、遗赠三种。在有遗嘱或者遗赠协议的情况下，适用之，如果没有遗嘱或遗赠协议，或是遗嘱或遗赠协议未处理部分财产的话，按照法定继承来处理。也就是说，存折上的20万元应当按照法定继承方式来处理，即两个儿子各分得10万元。

196. 不宜分割的遗产，应如何处理？

情景再现

张大娘今年已经80多岁，老伴儿去世多年，张大娘与老伴儿育有三个女儿。张大娘有30万元存款，一辆奔驰汽车，一套房子。后张大娘病重医治无效与世长辞，三个女儿为其办完后事，对遗产的分割犯愁了。30万元存款可以每人10万元，但是车子一辆、房子一套该怎么分割？

法律分析

我国《民法典》第1156条对遗产分割作了原则性的规定，同时也对不宜分割的财产分割方式作了规定：遗产分割应当有利于生产和生活需要，不损害遗产的效用。不宜分割的遗产，可以采取折价、适当补偿或者共有等方法处理。因此，本案中，对于不宜分割的奔驰车和房子，姐妹三人可以约定共同共有，也可以选择其中一人拥有然后折价给其他两位，也可以将财产变卖后平分收益。

继承大多是发生在家人与家人之间，继承人应当本着互谅互让、和睦团结的精神，协商处理继承问题。遗产分割的时间、办法和份额，由继承人协商确定。遗产如果是有纪念意义的物品，应尽可能保持完好，尽可能保持其功效。

197. 什么是遗赠扶养协议？

情景再现

孙大爷和张奶奶育有一女，女儿大学本科毕业后出国深造并留在了美国工作。二老相依为命，后他们以自己年老体弱多病、身边又没有亲人为由，共同与居民委员会签订了遗赠扶养协议：由居民委员会照顾他们的日常生活并负责二老去世后的安葬。二老共有的位于市中心的一套房屋，在他们去世后归居民委员会所有。居委会一直派专人负责照料二老的生活起居，后二老相继离世，居民委员会负责安葬等后事。后根据遗赠扶养协议居委会将二老留下的房屋产权办理到了居委会名下，用于出租，出租所得居委会按照财务规定用于办公开支。

法律分析

我国《民法典》第1123条规定，继承开始后，按照法定继承办理；有遗嘱的，按照遗嘱继承或者遗赠办理；有遗赠扶养协议的，按照协议办理。

遗赠扶养协议是受扶养的公民和扶养人之间关于扶养人承

担受扶养人的生养死葬的义务，受扶养人将财产遗赠给扶养人的协议。遗赠扶养协议是我国确立的一项新的法律制度，是我国继承制度的新发展。

现实生活中，遗赠扶养协议、遗嘱并存的现象时有发生，在发生冲突的时候，应该是遗赠扶养协议优先，之后才是遗嘱，遗嘱和遗嘱扶养协议没有涉及的，最后由法定继承来解决。

198. 无人继承的遗产应如何处理？

情景再现

孙大爷和张奶奶育有两个女儿，但是两个女儿在一起车祸中均遇难。二老相依为命，照顾彼此生活起居，后孙大爷先离世，张奶奶不久因为伤心过度也与世长辞，居委会负责了张奶奶的安葬事务。居委会在清理老人遗物时发现，二老有存款50万元、房屋两套，但是二老无亲人来继承这些遗产。这些遗产该如何处理？

法律分析

在没有法定继承人，也没有遗嘱和遗赠协议的情况下，法律对遗产处理作出了相应的规定。《民法典》第1160条规定，无人继承又无人受遗赠的遗产，归国家所有，用于公益事业；死者生前是集体所有制组织成员的，归所在集体所有制组织所有。因此，本案中，二老的遗产依法归国家所有，将用于公益事业。

199. 遗产已被分割而债务尚未清偿，该如何处理？

情景再现

周大爷和王奶奶育有三个儿子，二老有房屋两套、存款10万元。后二老相继离世，三兄弟将房屋变卖所得钱款与10万元存款一并平分继承了。后来，周大爷的老朋友李奶奶从外国回来养老，得知了周大爷和王奶奶都过世的消息，这才想起周大爷尚欠自己20万元的债务，是其当年为购买新房借的。因为彼此是好朋友，李奶奶也不急着花钱，双方约定李奶奶回国后归还这20万元债务。因为二老已经过世，三个儿子表示对欠款有疑问，都不肯承担责任，无奈之下，李奶奶诉至法院，请求帮助。

法律分析

我国《民法典》第1159条、第1161条规定，分割遗产，应当清偿被继承人依法应当缴纳的税款和债务；但是，应当为缺乏劳动能力又没有生活来源的继承人保留必要的遗产。继承人以所得遗产实际价值为限清偿被继承人依法应当缴纳的税款和债务。超过遗产实际价值部分，继承人自愿偿还的不在此限。继承人放弃继承的，对被继承人依法应当缴纳的税款和债务可以不负清偿责任。

本案中，三个儿子应当将各自继承的房屋变卖所得钱款及10万元拿出来偿还李奶奶的欠款。因为欠款有20万元，而遗产现金只有10万元，如果房屋变卖没到10万元，那么李奶奶能拿到的就是10万元现金加全部的房屋变卖款；若房屋变卖款超过10万元，李奶奶可以拿到全部20万元，房屋变卖超过10万元的部分再由三个儿子按照遗产继承。

200. 遗产不能抵偿债务时该如何处理？

情景再现

王大爷和吴奶奶育有一个女儿，二老有老房屋一套价值8万元。后二老相继离世，女儿继承了房屋，并将房屋变卖得到10万元。后来，王大爷老朋友周大爷得知二老都过世的消息，才想起王大爷尚欠自己20万元的债务，因为周大爷家境优渥，一直没想到要催还这20万元。二老已经过世，女儿虽然表示可以偿还欠款，但是二老留下的遗产只得10万元，也就只能偿还

10 万元。周大爷则认为自古以来“父债子还”天经地义，王大爷的女儿应当替王大爷夫妻还清欠款，遂起诉到法院请求帮助。

法律分析

我国《民法典》第 1159 条、第 1161 条规定，分割遗产，应当清偿被继承人依法应当缴纳的税款和债务；但是，应当为缺乏劳动能力又没有生活来源的继承人保留必要的遗产。继承人以所得遗产实际价值为限清偿被继承人依法应当缴纳的税款和债务。超过遗产实际价值部分，继承人自愿偿还的不在此限。继承人放弃继承的，对被继承人依法应当缴纳的税款和债务可以不负清偿责任。法律这样规定体现了权利义务相适应的原则，也体现出对国家利益和债权人合法利益的保护。为了更好地保护国家利益或者债权人合法权益，法律也不禁止继承人自愿偿还。

本案中，王大爷女儿继承到的房款只有 10 万元，可以用这 10 万元遗产所得偿还周大爷的借款，剩余 10 万元周大爷无权要求王大爷女儿偿还。当然，如果王大爷女儿自愿以自己的财产替王大爷偿还剩余的债务，法律也并不禁止。

图书在版编目 (CIP) 数据

爱问法律百科 . 婚姻家庭、继承必知 200 问 / 严威著 .—北京：中国法制出版社，2020.11

ISBN 978-7-5216-1381-0

Ⅰ . ①爱…　Ⅱ . ①严…　Ⅲ . ①婚姻法—中国—问题解答 ②继承法—中国—问题解答　Ⅳ . ① D920.5

中国版本图书馆 CIP 数据核字（2020）第 201482 号

责任编辑：王佩琳（wangpeilin@zgfzs.com）　　封面设计：李宁

爱问法律百科：婚姻家庭、继承必知 200 问

AI WEN FALÜ BAIKE：HUNYIN JIATING、JICHENG BIZHI 200 WEN

著者 / 严　威

经销 / 新华书店

印刷 / 三河市国英印务有限公司

开本 / 880 毫米 ×1230 毫米　32 开　　印张 / 8.25　字数 / 150 千

版次 / 2020 年 11 月第 1 版　　2020 年 11 月第 1 次印刷

中国法制出版社出版

书号 ISBN 978-7-5216-1381-0　　定价：32.00 元

北京西单横二条 2 号　　值班电话：010-66026508

邮政编码 100031　　传真：010-66031119

网址：http://www.zgfzs.com　　编辑部电话：010-66038139

市场营销部电话：010-66033393　　邮购部电话：010-66033288

（如有印装质量问题，请与本社印务部联系调换。电话：010-66032926）